JN099079

ドイツサッカー文化論

[著者]
須田芳正
福岡正髙
杉崎達哉
福士徳文

TOYOKAN BOOKS

はじめに

　2022年4月、FIFAワールドカップカタール大会2022の抽選会が行われ、大会の組み合わせが決まりました。最終的に、日本はドイツ、スペイン、コスタリカと同じ組に入り、過去4度の優勝を誇る強豪ドイツが初戦の相手となりました。その国の代表チームには、その国の歴史、国民性、地域性、文化などが反映されると言われます。

　その直後のマスコミの記事や仲間のコメントにも、それが表れているように感じました。スペインのマスコミは「ドイツは強いが、残りの2チームには勝てる」と楽観的に報じた記事が多かったようです。また、スペインにいる教え子にも連絡してみると、「スペインは歴史的背景から代表チームよりもリーガに興味がある国なのでベスト8くらいまでいかないと盛り上がらないかもしれません」というメールが返ってきました。一方、ドイツでは「日本にはドイツでプレーしている選手が多く、質も高い」「ドイツにとって日本はこのグループで足をすくわれる可能性があるチームだ。日本を甘く見てはいけない」と警戒感を示している記事が多く見受けられました。ドイツ人の仲間と話すと、「ドイツは良い組に入った。普通ならドイツが勝つと思うけど、サッカーは何が起こるかわからないからね」という答えが届きました。

　そして11月のワールドカップカタール大会では、大会3日目のグループリーグでアルゼンチンがサウジアラビアに敗れるという番狂わせから始まり、日本がドイツ、スペインを撃破しグループステージ首位通過しました。韓国、オーストラリアもヨーロッパの強豪国を破りグループステージ2位通過と、アジア勢が大躍進する大会になりました。ワールドカップという大舞台で日本がドイツに勝利したことは歴史的快挙であり、これまでの日本サッカー関係者の努力が結果に結びついたものであることは間違いありません。私も大変うれしく思いますが、その反面少し複雑な気持ちになったのです。

　日本がドイツに勝ったことによって、日本人は日本のサッカーが世界トップクラスの仲間入りができたのではないかと勘違いしていないかということです。多くの選手がヨーロッパで活躍し、日本のサッカーは確実に成長しています。

しかし、日本がサッカー大国になったわけでは決してないのです。地域に根ざしたサッカークラブで誰もがサッカーを楽しめる環境があるドイツと、サッカーするために倍率の高い抽選でグラウンドを借りなければいけない日本、この違いがサッカー大国か否かの差であり、誰もが気軽にサッカーができる環境ができ、サッカーが日常生活の一部になり、サッカー文化が浸透してはじめて、日本がサッカー大国の仲間入りができると感じます。

　2021年8月末から1年間、ドイツのボーフムにあるルール大学ボーフムのスポーツ科学部に訪問研究員として所属し、デュッセルドルフに家族と共に滞在しました。ルール大学ではサッカー研究室の担当教員アダム・フリッツ講師に大変お世話になりました。この研究室はボルシア・ドルトムントのアカデミー部門と提携し、研究室の助手や学生たちが運動能力テスト、映像分析、人格形成の分野で科学的サポートを行っています。その関係でドルトムントのユース年代の試合観戦、トレーニング見学や育成年代のコーチへのインタビューなど貴重な経験ができました。またプライベートでは、息子の友達のお父さんたちと近所のサッカークラブにある最高の人工芝でプレーし、その後クラブハウスや街のビール醸造所でのお酒を通じたコミュニケーションとドイツのサッカー文化を肌で感じることができました。

　ドイツサッカーにはドイツの文化はもちろんのこと地域性、国民性、気候、生活習慣、教育システムが反映されています。ドイツで居住し生活をしていると短期間の旅行では経験・体験できない習慣や考え方に出会い、驚いたり、戸惑ったり、温かい気持ちになったりしました。また、気候に関しても住んでみないとわからないものです。秋から冬にかけては日照時間が少なく雨が降ったりやんだりのどんよりした気候が続きます。春から夏にかけては本当に気候が良く、午後10時ごろまで明るいので、気分が良い時期です。ここで生活をしていると、このようなことがサッカーにも影響していると感じるのです。そう考えると、日本には日本の文化があり、日本サッカーには日本の文化、地域性、国民性、気候、生活習慣、教育システムが反映されているのではないでしょうか。そうです、日本サッカーはサッカー先進国の国々を追いかけるのではなく、日本独自のサッカースタイルを貫いていけば良いのだと感じるのです。

　近年は、伊東純也（スタッド・ランス）や古橋亨梧（セルティック）、三笘

薫（ブライトン）、守田英正（スポルティング）など大学卒業の選手が日本代表に選ばれたり、ヨーロッパで活躍したりしています。これはまさに日本独自の育成システムの中で優秀な選手を育て上げた結果に他なりません。大学ではサッカーだけでなく勉強やボランティア活動、学生たちが主体となって行うチーム運営などいろいろな経験をすることができます。子供から大人への移行期にこのような経験をすることが人間的な成長につながります。そして人間性の向上こそがサッカー選手の成長につながるのではないかと考えられます。また、高校年代にユースチームと部活動が2つあるのも日本独自の特徴ではないでしょうか。日本の教育システムは独自のシステムであり、今後もこのシステムを最大限に生かし、日本サッカーの強化、育成を考えればよいと感じます。

「学校の先生の個性が日本サッカーを強くしてきた。ユースチームと部活動があるから日本は世界に打って出られる。ユースはサッカーを強くし、高校サッカーは人間を強くする。この両輪をうまく回していつかW杯で日本が優勝する日を夢見たい」

これは、私の恩師である日本サッカー協会副会長、東京都サッカー協会会長の林義規先生の言葉です。

日本は自信をもって日本が目指すサッカーを追求していくべきです。

そのひとつの見本としてサッカー先進国であるドイツを参考にすることは重要であると考えます。本書では、ドイツサッカーの歴史、ドイツの国民性や文化とサッカーの関係、ドイツで活躍している選手たちのインタビューや現在断行している育成大改革についてなどドイツサッカーの特徴や強さの秘密について紹介しています。今回のドイツ滞在にあたり、住居、車の手配から銀行口座開設、ビザの手続きなど何から何までお世話になりました福岡正高さん、杉崎達哉さんと一緒に本を出すことができたのはこの上ない喜びです。ドイツ在住約20年、酸いも甘いも体験、経験したからこそ、お2人のドイツ生活やドイツサッカーについてのお話は私には新鮮に思えました。ドイツ文化とサッカーについてまとめ上げたこの本は、サッカー関係者はもちろんのことドイツ文化に興味のある方にも楽しめることができる本となっております。

慶應義塾大学体育研究所 教授　須田 芳正

CONTENTS

CHAPTER 1

ドイツがサッカー強豪国と
いわれる理由

CHAPTER 2

ドイツサッカーの軸は
国民性にある

CHAPTER 3

ブンデスリーガを支える
ドイツリーグの基盤

CHAPTER 4

時代とともに変化する
育成環境

CHAPTER 5

ドイツサッカー最前線
レポート

DEUTSCHE FUßBALLKULTUR

ドイツが
サッカー強豪国と
いわれる理由

1 | 歴史的背景

■ ワールドカップでは4度の優勝を誇る

　ドイツ連邦共和国（以下、ドイツ）の自称はドイチュラントで、高地ドイツ語のdiutisk「民衆、同胞」と、「国」を意味するlandからなります。第一次世界大戦後、共和制ドイツ（ワイマール共和国）が成立し、第二次世界大戦後の1949年に東西に分割されましたが、1990年に東西ドイツによる国家再統一がなされました。

　国旗は、1919年制定のワイマール共和国旗や旧西ドイツと同じ、黒、赤、金（黄）の3色のものを、東西統一後も継承しています。黒は勤勉と力、赤は情熱、金（黄）は名誉を表しています。

　サッカーの代表ユニフォームといえば、現在の国旗の色をチームカラーとする場合が多いですが、ドイツはプロイセン王国の国旗の色である白と黒を基調とし、1stユニフォームは白いシャツとソックスに黒いパンツとなっています。エンブレムは、ドイツの国章である鷲をアレンジしたもので、外円の下部には、現在の国旗の色である、黒、赤、黄の3色が使用されています（図1）。

図1　ドイツの国章（左）とサッカードイツ代表のエンブレム（右）

　ドイツはこれまでにFIFAワールドカップ（以下、W杯）に20回出場し、そのうち4回の優勝（西ドイツ含む）を成し遂げています（図2）。優勝回数、出場回数はブラジルに次いで多く、また1954年スイス大会から2014年ブラジル大会までは16大会連続でベスト8以上に進出しており、これはブラジルの8大会連続（継続中）やアルゼンチンの5大会連続という記録を大きく引き離しています。これらの結果からみても、ドイツが名実ともにサッカー強豪国であることに疑いの余地はないでしょう。オリバー・カーン（2002年大会最優秀選手）、ミロスラフ・クローゼ（W杯通算最多得点）など、大会を彩ったスター選手も多いのがドイツの強みのひとつでもあります。

　日本代表とは、国際親善試合で2度対戦しており、初めての対戦は2004年12月のキリンチャレンジカップ2004で、クローゼが2得点をあげるなど、3-0でドイツが勝利しました。2度目の対戦は2006年ドイツ大会の直前で、こちらは2-2の引き分けでした。そして、3度目の対戦となったのは、2022年カタール大会のグループリーグ初戦で、結果は2-1で日本が勝利しました。

開催年	開催国	成績	開催年	開催国	成績
1930年	ウルグアイ	不参加	1982年	スペイン	準優勝
1934年	イタリア	3位	1986年	メキシコ	準優勝
1938年	フランス	1回戦敗退	1990年	イタリア	優勝
1950年	ブラジル	不参加	1994年	アメリカ	ベスト8
1954年	スイス	優勝	1998年	フランス	ベスト8
1958年	スウェーデン	4位	2002年	日本・韓国	準優勝
1962年	チリ	ベスト8	2006年	ドイツ	3位
1966年	イングランド	準優勝	2010年	南アフリカ	3位
1970年	メキシコ	3位	2014年	ブラジル	優勝
1974年	西ドイツ	優勝	2018年	ロシア	グループリーグ敗退
1978年	アルゼンチン	2次リーグ敗退	2022年	カタール	グループリーグ敗退

図2　ドイツ代表のW杯の成績　※1）1954年大会から1990年大会までは西ドイツ代表の成績となる。
※2）東ドイツ代表は1974年大会のみ出場。成績は2次リーグ敗退。

　W杯に次いで、代表チームの大会として注目を集めるのがUEFA欧州選手権（EURO）です。こちらもW杯同様、4年に1度開催される大会ですが、

1972年ベルギー大会に初出場で初優勝してから、13回の出場、3回の優勝を果たしています。

　国内のリーグはブンデスリーガと呼ばれ、近年では日本人選手も多く所属するリーグとなっています。2022-23シーズンでは、吉田麻也選手（シャルケ04）や遠藤航選手（VfBシュツットガルト）、鎌田大地選手（アイントラハト・フランクフルト）など現日本代表の中心選手たちも在籍しています。

　第二次世界大戦で戦争に敗れたドイツは、「西ドイツ」と「東ドイツ」という2つの国に分断された時代がありました。終戦を迎えた1945年から、アメリカ、イギリス、フランス、ソ連に管理されていて、1949年にはアメリカ、イギリス、フランスが管理する西側は「資本主義」、ソ連が管理した東側は「共産主義」での経済回復を目指したことで別々の国となっていましたが、結果として西ドイツ側がより奇跡的な経済回復を果たしました。

　ブンデスリーガ1部は、分断中の1963年に西側でスタート。現在も旧西ドイツ側にクラブが集中するのは、東西が統一した翌年の1991年に西側のリーグへ旧東ドイツのチームも参加するようになったことに加え、資金力の差もあり、現在の勢力図となっています（図3）。ブンデスリーガの初代優勝は1.FCケルンで、最多優勝クラブはバイエルン・ミュンヘンの32回となっています。近年では、バイエルン・ミュンヘンが2012-13シーズンで優勝してから2022-23シーズンまで11連覇を達成しています。

■ ドイツサッカーの歴史を彩る偉大なプレーヤーたち

　ここでドイツサッカーの歴史を飾る選手たちにも触れておきたいと思います。

　まずは、1954年スイスW杯で西ドイツが初優勝したときのキャプテンであるフリッツ・ヴァルターです。この大会は、1950年の6月以来、およそ4年間、国際試合で負けたことがなかったハンガリーが優勝候補としてあげられていました。予選リーグで同組となった両国ですが、予選は3-8で西ドイツが敗れたものの、決勝トーナメントに勝ち進み、決勝では3-2で勝利し「ベルンの奇跡」と呼ばれています。フリッツ・ヴァルターは卓越したボールテクニックと強烈なキャプテンシーを併せ持った選手で、当時の代表監督であるゼップ・ヘルベルガー監督からの厚い信頼も受けていました。

図3　2022-23 シーズン 1 部所属チームの所在地

ブンデスリーガが創設された後の1972年には、EUROで西ドイツが初優勝します。そのメンバーにいたのが、フランツ・ベッケンバウアーやゲルト・ミュラーです。フランツ・ベッケンバウアーはディフェンダーでありながら自由に攻撃参加するリベロの概念を確立し、さらには理論と技術、類稀な統率力を持ち合わせていたことから「皇帝」と呼ばれました。なお、その年には所属していたバイエルン・ミュンヘンでもリーグ制覇を成し遂げ、バロンドール（世界年間最優秀選手賞）も受賞しました。ゲルト・ミュラーは、抜群の得点感覚とゴールへの嗅覚を持っていて、泥臭いゴールを得意とし、どんな体勢でもゴールを奪うストライカーでした。ブンデスリーガでは通算365得点を記録し、現在でも最多得点者としてその名を刻んでいます。

　歴代最多と言えば、ローター・マテウスは西ドイツ代表、そして統一後のドイツ代表として1982年から1998年までの5回のW杯に出場し、ドイツ代表としては最多の150試合に出場している名選手です。力強いドリブルや豪快なシュート、正確なミドルパスなど、サッカーに必要な能力をすべて備えたミッドフィルダーとして名を残しました。

　1990年のイタリアW杯での優勝時には、ギド・ブッフバルトやピエール・リトバルスキーなど後に日本のJリーグでもプレーする選手が出場していました。ギド・ブッフバルトは、決勝のアルゼンチン戦でマラドーナに90分間の完全密着マークを敢行し、優勝に大きく貢献しました。ピエール・リトバルスキーは、巧みなドリブルや精度の高いフリーキックを得意とし、グループリーグでは1得点2アシストと、決勝トーナメント進出に貢献しました。準決勝のイングランド戦のみ出場していませんが、決勝では再び先発でフル出場し優勝に貢献しました。同メンバーであるユルゲン・クリンスマンもスピードがあり、相手ディフェンダーの背後のスペースに飛び込むプレーが得意で多くのゴールをあげてきた名ストライカーです。ユルゲン・クリンスマンは後にドイツ代表監督も務めました。

　W杯史上初の共同開催であり、初のアジア開催となった2002年日韓W杯では、ドイツは惜しくも準優勝となりましたが、大会MVPにはチームの守護神であったオリバー・カーンが選出されました。圧倒的な威圧感と存在感でドイツゴールに立ちはだかり、ドイツを決勝まで導きました。なお、ゴールキーパーのMVP受賞は、W杯史上初の快挙となりました。また、この大会でW杯デビュー

したミロスラフ・クローゼは7試合5得点を決める活躍を見せ、ドイツ代表のエースストライカーとしてその名を轟かせました。ミロスラフ・クローゼは、2006年ドイツW杯でも5得点をあげて得点王となり、さらに2010年南アフリカW杯では4得点をあげ、W杯通算得点を14とします。そして、ドイツが再び優勝を成し遂げた2014年ブラジルW杯では、グループリーグのガーナ戦、準決勝のブラジル戦でゴールをあげて、W杯通算得点を16とし、現在のW杯の歴代通算最多得点者としてその記録を残しています。

　ブラジルW杯では、その他にマヌエル・ノイアーやマッツ・フンメルス、メスト・エジル、など2009年のU-21欧州選手権で優勝した際のメンバーも多く出場していました。中でもマヌエル・ノイアーは正確なテクニックを武器に、ロングキックやビルドアップにも加わり、さらにはペナルティエリアを飛び出して相手カウンターを阻止するなど広いエリアもカバーするプレースタイルで、現代サッカーを支える新たなゴールキーパー像として模範となる活躍を見せました。

　世界的にも強豪と呼ばれ、国内のサッカー人気も高いドイツですが、順風満帆であったわけではありません。近年では、特に選手の育成改革を行っており、指導者やサッカー連盟による日々の努力や積み重ねによってここまで辿り着いています。改革のきっかけとなったのは1998年フランスW杯（クロアチアに準々決勝で敗退）と2000年のEURO（グループリーグ最下位で敗退）で敗退したことに加え、試合内容的にも悪い試合をしたという事実によるものでした。決定的だったのは、チームの平均年齢がとても高く、さらに期待できる若手選手も見当たらなかったことでした。熟考の後、タレント発掘と選手育成のすべての領域を改革することになりました。決定的な変更事項は、以下の点です。

a. ドイツ全土をカバーするトレセンの導入
b. プロクラブでの育成アカデミー導入
c. U-17とU-19のブンデスリーガの導入
d. エリートスクールの導入
e. 育成年代の代表チームの強化
f. 指導者養成と育成

その結果のひとつとして、2014年ブラジルW杯で優勝を手にしたことは有名な話です。この大会でチームを指揮していたヨアヒム・レーブ監督は2004年にドイツ代表のヘッドコーチとなり、2006年ドイツW杯終了後に監督に就任。ブラジルW杯では、南米の気候を考慮しながらこれまでの戦術を微修正して方針を決定しました。

　また多くの国が抽選前にブラジル国内のキャンプ地を決める中、ドイツはグループリーグの会場が確定してからキャンプ地を決定するなど、周到な準備がされました。しかしながら、予備登録の30人を発表した後に、負傷等により次々に離脱者が出てしまうという誤算が生じることとなりますが、それでも確かな技術を持つ選手たちを緻密に采配し、暑さを考慮した近代的なサッカーを体現することにより優勝を飾りました。

　ドイツが、そしてレーブ監督が優勝を手にするまで10年にわたりチームを育ててきた成果と言えるでしょう。その後もレーブ監督体制が続きますが、2021年のEURO後にハンジ・フリック監督が就任しました。ちなみにドイツ代表監督は約100年間の中で11人しかいません。

■ 男子同様、女子サッカーも人気スポーツ

　ドイツでは、女子サッカーもとても盛んです。FIFA女子W杯では、1991年の第1回大会から2019年の第8回大会まで連続出場しており、優勝2回（2003・2007年大会の2連覇）、準優勝1回など男子代表同様、強豪国のひとつとして君臨しています。

　地元ドイツで開催された2011年大会では、3連覇がかかっていましたが、準々決勝で日本に敗れました。なお、2011年のドイツ大会は、日本のなでしこジャパンが初優勝を飾った大会です。

　女子サッカーのもうひとつの世界大会といえば、オリンピックが挙げられます。オリンピックのサッカー競技は、男子競技は23歳以下（2022東京五輪＜2023年延期実施＞は新型コロナウイルスの感染拡大により24歳以下）の年齢制限がありますが、女子競技は年齢制限がないため、女子サッカー代表にとっては、女子W杯と並ぶ権威ある大会として位置づけられています。

　女子競技は、1996年のアトランタ五輪から実施されており、ドイツ女子サッ

ドイツが生んだ史上最高のサッカー選手、フラン
ツ・ベッケンバウアー。世界屈指のリベロとして、
ピッチ上のすべてを掌握する姿から皇帝と称され
ている。

ドイツ代表としては最多の150試合に出場してい
るローター・マテウス（右）。1990年のイタリアW
杯ではマラドーナ（左）率いるアルゼンチンに競り
勝ち3度目の優勝をもたらした。

2002年日韓W杯の大活躍で、MVPと最優秀ゴー
ルキーパー賞を獲得。チームを準優勝に導いた、
世界最高のゴールキーパー、オリバー・カーン。

2006年ドイツW杯で得点王のミロスラフ・クロー
ゼ。4大会連続でのW杯出場を果たして、W杯歴代
最多得点記録（16得点）の保持者でもある。

カー代表は、2000年（シドニー五輪）・2004年（アテネ五輪）・2008年（北京五輪）の3大会で3位、2016年リオデジャネイロ五輪では優勝を飾っています。

　ドイツの女子サッカーは、1960年代に一般的な普及が始まり、1974年に公式的な組織としてリーグ戦がスタートしました。現行の女子のブンデスリーガは、ドイツサッカー連盟が男子のブンデスリーガをモデルにして1990年に創設したものです。

　初期の頃は、北部リーグと南部リーグに分かれて開催されており、その年の優勝は、北部・南部リーグそれぞれの上位2チームが参加して行われる決勝トーナメントによって決定されていました。1997年からはリーグを統一し、12チームで構成される単一のリーグとして開催されています。初代優勝はTSVジーゲンで、最多優勝は1.FFCフランクフルトとVfLヴォルフスブルクの7回となっています。

　近年のヨーロッパでは、フランスやイングランドのクラブが本格的に女子サッカー部門に資金を投じ始めており、ドイツ国内のクラブもヨーロッパでの競争力を確保するためにはそれなりの資金が必要になっています。VfLヴォルフスブルクは親会社のフォルクスワーゲンから、欧州でのプレゼンスを高める投資として潤沢な支援を受けている一方、1.FFCフランクフルトは2020年6月にアイントラハト・フランクフルトと統合し、アイントラハト・フランクフルトの女子部門として活動していくことが発表されるなど、欧州トップレベルを維持し続けることは、競技レベル的にも、経営的にも難しくなってきているのが現状です。

　ドイツと日本サッカーの関係と言えば、「日本サッカーの父」と呼ばれるデットマール・クラマー氏の存在を忘れてはいけないでしょう。クラマー氏は、1964年の東京五輪開催にあたってドイツから日本に招聘され、1960年に初来日しました。当時の日本サッカーに欠けていた基礎技術の大切さを説き、自ら手本を見せ、繰り返し練習をさせて鍛え上げたことで知られており、さらにはご自身の印象的な言葉でサッカー哲学を語ったことが残されています。
「タイムアップの笛は、次の試合へのキックオフの笛である」「グラウンドはサッカーだけをやる所ではない。人間としての修練の場である」など、今でも心に

響く言葉です。

　メダルを目指した 1964年の東京五輪ではベスト8に沈みましたが、クラマー氏が日本サッカーに残したものは単にサッカーの強化だけではありません。その後における日本サッカーの発展に大きくつながる具体的な5つの提言も示しました。

　　1. 国際試合の経験を多く積むこと
　　2. 高校から日本代表チームまで、それぞれ2名のコーチを置くこと
　　3. コーチ制度を導入すること
　　4. リーグ戦を開催すること
　　5. 芝生のグラウンドを数多くつくること

　これを受けて、1965年に日本サッカーリーグが創設され、1968年メキシコ五輪での銅メダル獲得につながっていきます。今では当たり前のことのように感じますが、当時は画期的な提言であったとされています。

2 │ 競技人口とリーグ組織

■ 男女ともに整備されたリーグ環境

　ドイツのサッカー競技人口（サッカー連盟の登録数）は約706万人とされています（2021年データ）。日本の登録者数は約82万人（2021年データ）なので、ドイツの登録者数は日本の約9倍になります。ドイツより人口の多い日本ですが、この数字をみると、ドイツサッカーの強さの根幹には競技人口の多さにあるというのが想像できるかと思います。また、これだけの競技人口を支えるリーグの仕組みがドイツには整備されており、多くの人がプレーできる環境が強国ドイツといわれる所以です。

　ドイツのサッカーリーグは、1部から3部リーグまでがプロリーグになります。1部と2部がブンデスリーガと呼ばれ、3部は1部・2部の補完リーグとして2008-09シーズンから導入されたリーグです。4部はレギオナルリーガと呼ばれ、正式にはプロリーグではありませんが、プロクラブも存在し、またプロクラブでなくてもプロ契約選手を抱えているチームもあるので、セミプロとして位置づけられています。5部以下からはアマチュアリーグとされ、地域にもよりますが11部リーグ程度まで存在します。

　ブンデスリーガ1部と2部は各18チームで行われています。1部の上位4チームはUEFAチャンピオンズリーグへの出場権を獲得し、5位はUEFAヨーロッパリーグ、6位はUEFAカンファレンスリーグへの出場権をそれぞれ獲得します。また、1部の下位2チームと2部の上位2チームは自動入れ替え、1部16位と2部3位のチームは入れ替え戦が行われます。3部は20チームで行われており、3部の上位2チームは2部の下位2チームと自動入れ替え、3部3位と2部16位は入れ替え戦が行われます。そして3部の下位4チーム（17〜20位）は降格となります。

　3部リーグまではプロリーグですので、いわゆる全国リーグとなりますが、4部からは地域等で分けられて実施されています。例えば4部リーグのレギオナ

ルリーガは、ドイツ全土を北部（19チーム）、北東部（18チーム）、西部（18チーム）、南西部（18チーム）、バイエルン（20チーム）の5つに分けられています。

　つまりレギオナルリーガとして5つのリーグが実施されていることとなり、合計93チームが参戦していることになります（22-23シーズン）。5部リーグ（オーバーリーガ）になると、14のリーグに分かれて、計257チーム（22-23シーズン）が参戦しています。

　ここで、日本のリーグに目を向けてみると、プロリーグとされるJリーグはJ1からJ3までの3部リーグとなっており、ドイツの3部リーグまでと似たような構成となっていますが、4部リーグに相当する日本フットボールリーグ（JFL）は全国リーグとして16チームのみの参戦となっています（2022シーズン）。

　JFLが全国リーグとして実施されているという違いはあるものの、4部リーグに相当するリーグに参戦しているドイツのチーム数は、JFLの16チームに対して約6倍も存在することになります。同様に5部リーグに相当するリーグにおいては、日本では9地域合計84チーム（2022シーズン）に対して、約3倍のチームが存在します。

　これだけのリーグ環境において昇格や降格を争い、また選手個人としてもこのような環境の中で認められた選手がブンデスリーガでプレーできるということを考えると、ドイツサッカーの日常的な環境が強さのひとつにつながっていることも理解できます。

　ドイツの女子サッカーリーグに関しては、プロリーグは存在せず、全国リーグとなるブンデスリーガ1部を頂点に、ブンデスリーガ2部、そして3部リーグのレギオナルリーガと続きます。ブンデスリーガ1部に所属する、ヴォルフスブルクやバイエルン・ミュンヘンのようにプロクラブも存在しますが、リーグにはセミプロクラブやアマチュアクラブが混在しています。

　2022-23シーズンにおいては、1部12チーム、2部14チームで行われており、1部の下位2チームと2部の上位2チームが自動入れ替えとなります。また、1部の優勝チームはUEFAチャンピオンズリーグ本戦への出場権を獲得します。

こうしたリーグ戦を実施していくにあたっては当然ながらスタジアムやグラウンドが必要です。ドイツでは、1990年代から2000年代にかけてブンデスリーガ所属のクラブが使用していたスタジアムが次々とサッカー専用スタジアムに改装され、現在ではほとんどがサッカー専用のスタジアムとなっています。

　かつては、ドイツでも陸上競技と兼用のスタジアムが主流でしたが、専用スタジアム化され、観戦スタンドとピッチの距離が近くなると、ブンデスリーガの観客動員数は増加し続けたとされています。その結果、現在では世界で最も観客動員数の多いリーグとしても知られています。

COLUMN ドイツ最大のスタジアム

　人口約587,000人を誇るドルトムントは、ドイツで9番目に大きな都市です。その昔は、石炭と鉄鋼の街として栄え、特に第二次世界大戦に敗れたドイツの経済を奇跡的に復興させた街でした。それも長年の産業構造の変化により、現在は近代的な商業都市になりました。それでも、炭鉱労働者たちが愛したサッカーとビールが、この街で最も大切にされるものに変わりはありません。

　ボルシア・ドルトムントは欧州でも名高いビッグクラブだということは、周知の通りです。その本拠地シグナル・イドゥナ・パルクは、収容人数が81,365席。これはドイツで最大のキャパシティを誇ります。2013-14シーズンから2017-18シーズンまでの5シーズンにおいて、平均観客動員数は80,230人を記録し、ボルシア・ドルトムントは世界で最も平均観客動員数が多いクラブとなりました。

　また、同期間のリーグ別平均観客動員数はブンデスリーガが最も多く、43,302人の平均観客動員数を記録しています。ブンデスリーガであっても、チャンピオンズリーグであっても、対戦相手がどこであっても、

写真：mauritius images/アフロ

チケット入手が困難なスタジアムのひとつです。

　西ドイツが2度目の優勝を飾った、1974年西ドイツW杯開催に向けて建設されたのが、シグナル・イドゥナ・パルク（当時はヴェストファーレンシュタディオン）です。すでに、当時のスタジアムは54,000人の観客を招き入れるキャパシティがありました。

　1974年4月2日、オープニングゲームとなったのは、チャリティマッチとして行われた、ボルシア・ドルトムント対FCシャルケ04の一戦でした。試合は3-0でシャルケの勝利となりましたが、素晴らしい試合であったと、今でもオールドファンの間では語り草になっています。

　当時2部リーグに参戦していたボルシア・ドルトムントですが、初の公式試合は1974年4月7日。対戦相手はバイヤー・ウーディンゲン、試合結果は0-0の引き分けでした。当時、2部リーグは「ツバイテ・ブンデスリーガ」という名称ではありませんでした。それゆえに、初のブンデスリーガとなる試合は、1976年4月2日に行われたVfLボーフムとFCシャルケ04の一戦になります（4-1でシャルケが勝利）。

　1992年に立ち見席が座席へと変わりスタジアムのキャパシティは、42,800人まで減少しました。さらに、1995年から1999年までの間にスタジアムに大きな変化が起きました。建て増しと拡張を目的としたリノベーションは、グラウンドの両サイドに沿った東西のスタンドに手が入れられ、55,000人のファンを受け入れることが可能になりました。その中には、VIP席が設置されたのです。

　その後は、ゴール裏に当たる南北の客席も整備されました。南側には25,000人が収容可能な立ち見席が設置されました。これは欧州で最大の規模です。これらの改修により、スタジアムのキャパシティは、68,600人となったのです。

　2002年から2003年にかけては、3回目の大規模改修工事が行われました。83,000人収容可能となったスタジアムは、ドルトムント市内の多くの場所から、その存在を確認できる黄色のフレームが組み加えられました。とても印象的なフォルムになっています。

また、2006年ドイツW杯に向けて、2005年の夏休みに改修工事が行われました。バリアフリー化され、電子アクセスシステムの設置、さらにはVIPルームやトイレも改修されました。サッカー選手のために、ロッカールームもリフォームされました。これらの改修の結果、約1,500席が減らされ、現在の収容人数に落ち着きました。

　その後、UEFAはこのスタジアムをカテゴリー4のエリートスタジアムに認定しています。チャンピオンズリーグや欧州リーグの決勝が開催される条件を満たしたスタジアムとなりました。

　基本的にサッカー専用スタジアムですが、時には別のイベントも開催されています。コンサートなどが行われるだけでなく、ドルトムント工科大学の新学期スタートの際には新入生の歓迎会も毎年行われています。夏休みには、映画が上映されたりもします。稼働率の高いスタジアムで、サッカーファンでない市民にとっても、重要なイベント会場になっているのです。

　ちなみにシグナル・イドゥナ・パルクの地下鉄の最寄り駅はヴェストファーレン＝シュタディオン駅となりますが、こちらは試合日やイベント日のみ電車が停車します。また、当日のサッカーの試合チケットを持っているとスタジアムまでの一定区間の交通機関を無料で利用できるのも、サッカー大国ならではのスタイルです。（福岡）

CHAPTER 2

ドイツサッカーの軸は
国民性にある

1 | ドイツの文化・生活

■ 休日や行事を大切にするドイツ人

　冷蔵庫を開けてみると卵がなかったので、買い物に行こうとしたら今日は日曜日……。ドイツでそのような状況になった場合、残念ながらその日に卵料理をつくるのは諦めるしかありません。なぜならドイツには閉店法という法律があるからです。同法律では、パン屋などの例外はありますが、どの州でも基本的に日曜・祝日は小売店を開くことが禁止されています。また、月曜から土曜と、12月24日（クリスマスイブ）が平日の場合のみ、14時から翌朝6時までの営業が禁止されていますが、これに関しては州独自で法律が変更でき、実際には閉店時間が22時や24時のスーパーも存在します。

　またトラックの走行も規制があります。日曜日並びに祝日は0時から22時の間は原則禁止となっています。さらに夏休みの期間、7月1日から8月31日の毎週土曜日7時から20時にかけて高速道路など一部の道路を走ることを禁止されています。

　そのほかにも自動車関連では、日曜日に洗車をすることが禁止されています。もともと環境保全に厳しいドイツでは特別な汚水処理施設を備えていない一般住宅では洗車が禁じられています。そのため多くの人がガソリンスタンドの洗車施設を使いますが、日曜日は使うことができません。

　これらの背景にはキリスト教徒（カトリック・プロテスタント）が半分以上を占めるドイツでは安息日、つまり日曜日は休息するために存在するという考え方があるのでしょう。

　祝日も多く制定されており（図4）、例えば4月の復活祭休みには、庭に隠れたカラフルなウサギの卵（実際は鶏の卵）を探します。この色とりどりの卵は、春と新しい生命のシンボルなのです。亡くなったイエス・キリストが復活したことを祝う、教会で最も古い祝日です。

　サッカーにおいても同様で、安息日＝休日を大事にする考えがあります。ドイツのサッカー選手たちは、プロアマ問わずに、休むときは休みます。特に夏

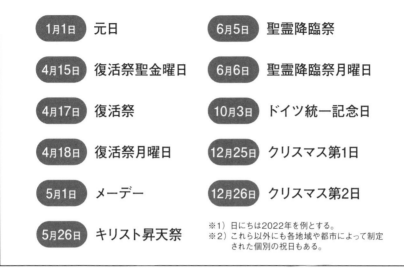

1月1日	元日	6月5日	聖霊降臨祭
4月15日	復活祭聖金曜日	6月6日	聖霊降臨祭月曜日
4月17日	復活祭	10月3日	ドイツ統一記念日
4月18日	復活祭月曜日	12月25日	クリスマス第1日
5月1日	メーデー	12月26日	クリスマス第2日
5月26日	キリスト昇天祭		

※1）日にちは2022年を例とする。
※2）これら以外にも各地域や都市によって制定
された個別の祝日もある。

図4　ドイツ全土共通の祝日

休みはサッカーと完全に切り離して、家族や友人と過ごす大切な時間として考えられています。

　一方、いまだ日本では、暑い夏休みに厳しいトレーニングを積むことは成長に欠かせないと考えられていないでしょうか。

　ここドイツでは、夏休みはしっかりと3週間ほどの休みを取って、サッカーとチームから距離を置いたり、または新しいチームに移籍するために一呼吸を置いて充電したり、リフレッシュしたりするための時間にすることが多いものです。

　子供たちは、サッカーのトレーニングがなくても、きっと仲の良い友達たちと近所のサッカー場へ行き、22時頃まで陽が残っている時間を利用して、ボールを蹴っているかもしれません。それでも、チームから離れ、大好きな友達と時間を過ごすことで、リフレッシュになるのでしょう。

　サッカーの休みの期間が過ぎ大切なプレシーズンでさえも、両親の都合でチームを離れて、家族でバカンスへ行くこともあります。監督も仲間も、きっと神様も、この家族のバカンスの時間を奪うことはできないものです。ドイツではバカンスはみんなに与えられた権利なのです。普段はとても厳しい監督で

あったとしても、言及することはないはずです。

　ドイツでは、気温が30℃を超えると学校が休みになります。もちろんサッカーも休みです。ドイツの人たちは、暑い夏に苦しい思いをしてまでサッカーをするものだとは思っていないようです。ドイツの夏は日本のそれより、ずっと快適なはずですが、選手だけではなく、監督やコーチも「いつもみたいなカッコ良いプレーができないんだから休もう！」と言います。とても暑い日に行われたプロの試合の後でも、「こんな気温と天候では、理性的なサッカーはできない」と、試合後にコメントする汗だくの監督もいるほどです。

　クリスマスもドイツ人のクリスチャンにとっては、大切なイベントです。クリスマスはみんな休みます。リーグ戦も12月の2週目まで行い、その後は翌年1月の2日、3日頃までが、休みになります。家族と厳かな時間を過ごして、キリストに祈り、家族の絆を確かめるのです。24日と25日は、基本的に大切な友達も家には招待しないものです。子供たちは、暖炉の温もりに纏われながら、サンタクロースからもらった新しいサッカーシューズを、両親や祖父母の前で試し履きします。サンタクロースの本当の正体なんか知る由もありません。真っ白な雪が降る聖夜の家族と過ごす時間は、サッカーをするよりも大切なことなのです。

　ドイツサッカーの育成年代において、日本の部活動のように週に5日も練習をすることはありません。ましてや土日連続での試合は考えられません。

　日本は、いまだに年間休日が3〜5日しかないサッカー部やクラブチームがあったり、朝練と題した早朝からのトレーニングがあったりしますが、これらの行為をドイツですれば非人道的と見なされます。こういった日本の現実をドイツ人の仲間に伝えると、彼らは「馬鹿らしい。そんなにトレーニングして、なんで日本代表は、イマイチなんだ？」と聞いてくるほどです。修行のようなことをしても、何からも解放されないことを彼らは知っているのです。

　1回の練習や、毎週毎月のスケジュールが、目一杯に組まれることもありません。ですから、練習後にふらふらになって、「明日はサッカー場に行きたくない」「嫌いなコーチの顔を見たくない」とはなりませんから、みんなサッカーを辞めずに、いつまでも楽しく続けることができるのかもしれません。人生はサッカーがすべてではないのです。だから、燃え尽きることはありません。

■ サッカー観戦にもビールとソーセージは必要不可欠

ドイツの代表的な食文化はビールにソーセージですが、サッカースタジアム
も例外ではありません。茹でるか焼いたソーセージがパンとセットで販売され
ており、マスタードかケチャップをつけて頬張ります。ドイツ人に一番人気はカ
レー風味のソーセージです。

ソーセージとポテトの定番メニュー。

甘辛ソースがソーセージと絶妙のバランスでマッチするだけでなく、余った
ソースをパンに付ければ二度美味しくいただけます。値段も大体3.5ユーロか
ら4.5ユーロと手頃な価格です。

日本のスタジアムのようにご当地グルメニューがないドイツではソーセージ
以外の定番メニューとして、仔牛のヒレ肉を薄く伸ばしてカツレツにしたシュニッ
ツェルやフライドポテトがあります。特にフライドポテトは人気があり、ソーセー
ジ同様にカレー味のポテトはスタジアムによって味が違うので、会場に訪れる
際のひとつの楽しみとしている人も多いです。中でも、バイヤー・レバークー
ゼンのホームスタジアム、バイアレーナにある「ブルストトイフェル・ローストブ
ラート・ソーセージ　パン付き」という焼きソーセージのメニューが一番のオス
スメです。

スタジアムに到着したらまず売店で食べ物を買ってサッカー談議をし、食べ

終わったらビールを買って自分の席に向かう、これがドイツ人のサッカー観戦ルーティーンです。ビールもソーセージと同じくらいドイツ人の食文化には欠かすことができません。2018年の調査によると、1人あたりが年間に飲むビールの量は101リットル、実にジョッキ232杯分に相当します。サッカー観戦には必須のアイテムです。

　本来ならスタジアムでビールを飲みながら観戦したいけれどチケットが手に入らなかった、スタジアムが遠くてなかなかライブで試合を見られない、と困っている人も一緒に盛り上がれる方法があります。それはクナイペ飲みです。

　クナイペとは、日本で言う居酒屋のことで、ドイツには本当に多くのクナイペがあります。また通りの角地に多いことからエッケ（角）と組み合わせた言葉「エッケクナイペ」も存在します。

　酔客は店内に設置されているテレビを見ながらお気に入りのクラブを応援します。店の中には地元クラブの応援歌が響き渡り、すべての人がひとつになった熱いサッカー観戦をクナイペは実現させます。クナイペには試合のない日に立ち寄っても、地元の人であれば誰かしら知り合いがそこにはいるもので、地域の人が集う社交場の役割も果たしています。また、日本人であっても店主が気さくに話しかけてくれて1杯のつもりが閉店まで一緒に飲み続ける、なんてこともあります。クナイペは人の温もりを感じられるところでもあるのです。

　サッカーがある週末になると、クナイペは早い時間から活気にあふれます。ブンデスリーガの試合開始は土曜日の15時半がスタンダードですが、試合がある日はお昼頃からお店に人が集まりビールを飲み始めます。キックオフの2時間前には店内から人があふれ出て、店先にはビール片手の人だかりができます。そこからチケットを持った人たちは、唄を歌いながらスタジアムに向かって行進するのです。大量のビールを飲んだ後には、それを排出する必要がありますが、ドイツには公衆トイレが少ないために、スタジアム付近では当たり前のように、立ち小便をする人が見られます。日本人にとっては恥じらいを感じる行動でしょう。そのために少しでも目立たない木陰で用を足そうとすると、先人のおかげで足元がぬかるんでいることもあり、お気に入りの靴を汚すこともあるので注意してください。

　試合後はスタジアム観戦していた人たちが、再びお店に戻って来るので、ク

ナイペは多くの人でごった返します。彼らは勝ち負けに関係なく、敵味方関係なくビールを一緒に飲んで試合を振り返りながら談笑をし、たいていは夜遅くまで飲み続けています。

　そういう光景を毎週末見ていると、もちろん単にサッカー好きな人もいますが、週末にビールを友達と一緒に飲むためだけにサッカーを見ている人も多くいることがわかります。ドイツでもサッカー観戦の楽しみ方はさまざまなのです。

■ サッカーとビールの深い関係

　ドイツは国民1人あたりのビール消費量は約90リットル（2021年）です。日本が約33リットルですから、ドイツ人がいかにビールを飲んでいるか実感できると思います。かつてバイヤー・レバークーゼンでマネージャーを務めていたライナー・カルムンド氏が「スタジアムはドイツ最大のバーだ」と表現したように、ドイツではサッカーとビールに深い関係があるのです。

　何十年にもわたりドイツの1部や2部のリーグに所属しているクラブの多くは、ビール会社とパートナーシップがあり、1.FCケルンはガッフェル（Gaffel）、SVヴェルダー・ブレーメンはベックス（Beck's）というように地元のビール会社と結びつきがあります。さらに言えば、ドイツ中部の町に醸造所を構えるクロンバッハ（Krombacher）は、アイントラハト・フランクフルトやアルミニア・ビーレフェルトといった複数のクラブのパートナーであり、FCシャルケ04やFCザンクトパウリは、ユニフォームの胸にビール会社のブランドロゴがついていた時代がありました。FCシャルケ04にいたっては、2005年にホームスタジアムの命名権を地元のビール会社であるC.&A.フェルティンス（Veltins）が獲得し、現在は「フェルティンス・アリーナ」と呼ばれています。つまり「その土地のビールを知りたければサッカースタジアムに行けばいい」と言っても過言ではありません。サッカーを観戦しながら地ビールが味わえることでしょう。

　ドイツの街を歩いていると、サッカーのユニフォームを着た子供たちに出くわします。もちろん地元サッカークラブのものです。ドイツ人は郷土愛が強く、例えばデュッセルドルフのレストランでケルンのビールを注文すれば、店の主人に「ケルンのビールが飲みたかったら30kmあっちに行ってくれ！」とケルンの方角に向かって指を差されかねません。そんな出来事も、あるマーケティング会

社の発表した「多くのサポーターはクラブと感情的なつながりが強いため、ビールに対するクラブの決定を受け入れ日常生活でもクラブと同じビールを飲む傾向にある」との分析結果を知れば納得できるかもしれません。

ドイツ紙『レヴィアシュポルト』はビールとサッカーについて、過去に興味深い記事を掲載していました。2020-21シーズンも終盤のことです。4部リーグ（レギオナルリーガ）西部地区では、首位ボルシア・ドルトムントⅡ（セカンドチーム）と2位のロート・ヴァイス・エッセンが最終節までもつれ込む激しい優勝争いを続けていました。

ドルトムントⅡはプロ予備軍の選手たちで構成されています。一方のロート・ヴァイス・エッセンは、2006年まではブンデスリーガ2部で戦っており、4部リーグに参戦しながらも、すべての選手がプロ契約を交わしたプロクラブです。ロート・ヴァイス・エッセンのファンたちは熱い声援を送るだけではなく、何としてもプロリーグに復帰してほしいと願い、残り2節となったところである提案をしました。ドルトムントⅡが残り2試合で戦う2クラブ、VfBホンベルクとヴッパーターラーSVに、勝ち点1につきエッセンの地ビール、シュタウダー（Stauder）150リットル分とソーセージ150本をプレゼントするというものでした。

最終的にはドルトムントⅡの優勝でリーグは終了しますが、引き分け（2-2）に持ち込んだVfBホンベルクには、150リットルのビールと150本のソーセージが贈られました。

このようにサッカークラブがビール会社とつながっているのですから、そこに所属している選手がビールに縁がないわけがありません。試合終了後にロッカールームで選手やスタッフが一緒になってビールを飲

エッセンの地ビール、シュタウダー。

むのはドイツではよくある光景です。優勝や昇格が決まったときは、喜びのあまりビールかけをしたり、会見の席にいる選手を驚かせようと不意打ちにビールを浴びせたりするいたずらもよく見られます。珍しいところでは、ドーピングコントロールの検尿のためにビールを飲むという話を聞いたことがあります。

　ちなみに、ドイツのほとんどのサッカークラブは自前のクラブハウスを所有していて、備え付けのバー・カウンターに寄ればお酒を味わうことができます。ブンデスリーガ1部のビッグクラブや上位のクラブに限ったことではありません。アマチュアレベルでサッカーを楽しんでいる人を抱えるクラブでも、大人たちは練習後に一杯飲んでから家に帰ったり、シャワーを浴びたあとに仲間とサッカー中継を見ながら飲んだりします。お酒といっても、そこで飲まれているのは、必ずビールです。シニアチーム（40歳以上）には「美味しいビールを飲むためにサッカーをしている」という人たちが数多くいるぐらいです。時には、試合後は対戦相手と一緒にビールを飲むこともあります。先ほどまでピッチ上で激しいプレーをしてお互い熱くなっていた相手選手とニコニコしながらビールを飲んでいる姿を見ると、日本とは違ったサッカーの文化を感じるかもしれません。とはいえ、アマチュアリーグの試合ではゲーム中にビールが販売されないケースがあります。これは、プロのクラブが使用するスタジアムと違って観客席に柵などはなくピッチとの距離が近いことや予算の都合でセキュリティーが脆弱であることから、酔った観客が騒動を起こした際に対処できないことが一因として挙げられるのではないでしょうか。いくらサッカーにビールはつきものとはいえ、そこは節度をもって楽しんでいるのです。

■ 移住者が教える! ドイツ生活に欠かせない予備知識

　ドイツ在住の日本人の数は2020年の外務省の統計によると、41,757人。留学、駐在、移住、永住など、様々なバックグラウンドを持っている人々がいます。なかでもドイツ西部、ルール工業地帯に位置するノルトライン＝ヴェストファーレン州の州都であるデュッセルドルフには古くから日本人街があります。今日では 8,500人以上の日本人が住んでおり、500以上の日本企業が進出しています。ここでは、ドイツ移住者が生活する上で欠かせない予備知識を紹介します。

①ドイツのパンは硬すぎる!?

　日本は米が主食ですが、ドイツは欧米同様にパンが主食となります。ドイツには色々な種類のパンがあります。ある調べによると300種類以上の黒パン（ライ麦パン）、白パン（小麦パン）、灰色パン（ライ麦＋小麦の混合パン）が販売されていると言われています。パンといえば、ふっくらした白い食パンを思い浮かべる方も多いと思います。しかし、ドイツパンは表面が硬く、中はしっとりしたものが多いのです。食べ慣れるまでに時間がかかるかもしれません。パン屋さんでもスーパーでも、日本で食べられているような柔らかい美味しいパンはありません。それでも、何年もドイツでこの硬いパンを食べていると、美味しく食べられるようになるものです。

　子供たちは、この硬いパンを上下2つに切って、その間にハムやチーズを挟み、それをタッパーの中に入れ、鞄の中へ投げ込んでサッカーへ向かいます。練習後の電車を待つホームで、このパンをかじるのです。

　シュニッツェルサンドも子供たちにとって人気のサンドイッチです。シュニッツェルは仔牛肉をたたいて伸ばし、小麦粉・卵・パン粉をつけて炒め揚げしたものです。ドイツ版カツレツといったところです。そのシュニッツェルとサニーレタスを収まりきらないほどに挟んで、シュニッツェルサンドの完成です。

②ビザも病院も予約が必須!!

「それでは、○月○日○時○分に来てください」

　ドイツでは日常の様々な場面で予約が必要となるケースがあります。役所における外国人部署は典型的な例です。

　住む地域にもよりますが、ビザの申請をする際に基本的にはオンラインでの事前予約が必要になります。インターネットで予約を取ろうとしても空いている日程は早くても数週間先です。半年後にならないとアポイントが取れないといった事例もあります。特に新型コロナウイルスが流行し始めた2020年3月以降はそういった例が急増したようです。

　病院に関しても重大な病気や緊急処置が必要な怪我の場合を除いて、基本的に予約が必要になります。例えば、軽い肉離れをして医者にかかりたいとなっても、「3週間後に来てくれ」と言われます。したがって、それま

でに症状が改善されて通院の必要がなくなるのも珍しいことではありません。

　ちなみに、ドイツでは家庭医制度を採用しているので、かかりつけの医者がいない場合、予約を取ること自体かなり困難です。そのため、ドイツで生活する場合、まずは家庭医を見つけることをおすすめします。

③意外と役立つ地方新聞

　地方色が強いドイツにおいて新聞も大きな特徴を持っています。ドイツで最も読まれている全国紙は『ビルト（Bild）』で約130万部です。一方で地方紙の数は、日本の場合、基本的に都道府県ごとに1紙ずつありますが、ドイツの場合、実に347紙の地方紙があります。地元の記事はもちろんのこと、個人売買など身近な内容が含まれる地方紙のほうが好まれる傾向にあります。なかでも賃貸物件の欄には、間取りや家賃などの詳しい情報まで数多くの物件が掲載されており、ドイツ国内で引っ越しを考えている人々にとっては、貴重な情報源になります。

　また自転車のフリーマーケット情報（売買コーナー）も必見のコンテンツです。ドイツでは、自転車専用レーンが整備されており、多くの街角に駐輪スペースが存在します。国土交通省の資料によると、ドイツにおける自転車保有台数は約7,300万台、人口の約9割が自転車を所有しているとの試算も出ており、「自転車大国ドイツ」といっても過言ではありません。特に学生にとって自転車は欠かせない移動手段です。ただし、ドイツの自転車は高価で、新車で10万円台は普通です。そこで自転車の売買情報が掲載されている地方紙が活用されるというわけです。中古車にはなりますが、新車価格の10分の1程度で購入が可能になることもありますので、自転車を探している人たちにとっては欠かすことのできない情報源になります。

　サッカーも例外ではありません。地域ごとの細かい情報まで網羅されているので、アマチュアリーグの週末の試合結果はもちろんのこと、選手の怪我の情報など、全国紙では伝えきれないような細かいところまで掲載されています。それゆえ、地元愛が強いドイツ人にとっては全国紙よりも需要が高いのかもしれません。

④子育てに適した社会環境

　ドイツでは妊婦の診察料が無料です。出産の際も自然分娩でも帝王切開でも費用はかかりません。いずれも保険が適用されるのです。出産後も国からの手厚い援助が受けられます。子供手当の充実さは筆頭に挙げられるものでしょう。子供1人につき毎月250ユーロが支給されています（2023年時点）。期間も18歳までは保証され、大学や職業訓練校に通っていれば25歳まで延長が可能です。

　また所得条件など様々な項目はありますが、両親手当も存在し、1年間にわたり毎月最低300ユーロを受け取ることができるのです。さらに病気になった場合、18歳未満の医療薬品の自己負担もありません。

　経済的な援助の他にも地域社会が子供に対して手厚く感じることもあります。例えば、電車やバスなどの公共交通機関を利用する際には妊婦さんや乳幼児を連れている人に対して席を譲るのが基本です。またレジなどで混雑しているときに支払いを優先させるのも、ドイツ人の常識範疇です。子育てする方にとって、ドイツは非常に生活しやすい環境です。

誕生日前に「おめでとう！」の
言葉は厳禁!?

「コーチ、明日はお母さんの誕生日だから練習には来られません」

　こんな理由で子供がサッカーを休むのは当たり前のことです。ドイツ人にとって誕生日も1年で大事な行事のひとつとして捉えられています。

　ドイツで指導者として活動し始めて2シーズン目の出来事です。U-12チーム（12歳以下のサッカーチーム）を任されていた際、チームのある選手の誕生日と試合の日が重なってしまい親から「チームメイトを誕生日会に招待したいから試合の時間を変えてほしい」との要望を受けたことがあります。当初はやはり「誕生日で練習を休んだりするのか？」という疑問は常にありました。しかし、ドイツで生活していく中で家族との時間を大事にする日常を経験していくと「これも彼らにとって当たり前なのかな」と思えたり、多民族国家のドイツでは様々な考え方を理解することが社会に溶け込む大事な要素だと思うようになりました。

　その他にも「教会で授業があるので休みます」と言われたり、イスラム教の子供たちなどは「ツッカーフェスト（断食後に行われる祭り）」を理由に欠席したりします。

　話を戻しますが、ドイツの誕生日会は「来客をもてなす」という一言に尽きると思います。多くがテーマパークで行われ、入場料、食事、乗り物チケットがセットになった誕生日プランがたいてい用意されています。プレゼントは誕生日の子供が希望するものがあらかじめリストアップされ、招待された側はそれを買って渡すというのが一般的です。週末に行われることが多く、平日の場合はケーキやクッキーなどを焼いてみんなに振る舞います。大人の場合も子供と同様にホストが来客を招待します。ドイツでは誕生日を祝ってもらうというよりも一緒に楽しいひと時を過ごしたいとの思いが強いのでしょう。ちなみにドイツでは「明日誕生日だね、おめでとう」というのは禁句です。祝い事の前に「おめでとう」と言うのは縁起が悪いとの理由だからです。（杉崎）

2 | ドイツ人のメンタリティ

■ 実は存在しない「ゲルマン魂」という言葉

　ドイツは、勝負へのこだわりが非常に強い国です。サッカーでも大人から子供までその気質が備わっており、例えばミニゲームの練習でも勝敗に執着し、負けたチームの中には泣き出す選手も出るくらいです。

　この気質はドイツという地政学的な影響もあるのかもしれません。ドイツは陸続きのため常に他国から侵略される危険性があるので、戦いに勝利しないと自らの命がなくなってしまう……そんなファイトするDNAが現代のドイツ人にも組み込まれているのです。

　日本では、強者ドイツのメンタリティを「ゲルマン魂」という言葉に置き換えられることがあります。「諦めない気持ち」や「勝利への執念」を意味する言葉として使われているのでしょう。2018年ロシアW杯のグループリーグ2戦目のスウェーデンとの試合は、まさにこの言葉がぴったりと当てはまる試合でした。初戦のメキシコ戦を落としたドイツ代表は、スウェーデン戦も先制点を許す苦しい試合展開でした。その後同点に追いつきますが、終盤になって退場者を出して追い込まれてしまいます。そして迎えたアディショナルタイムで、トニ・クロースが起死回生のゴールを決めて、劇的な勝利を収めたのです。まさに「ゲルマン魂」とも言える、強い気持ちを目の当たりにした試合でした。

　しかし、実際にはドイツ人が「ゲルマン魂」という言葉を使っているのを聞いたことはないのです。ドイツ国内の生活で耳にしたことは一度もありません。

　そもそもドイツ人は、ナチスの影響もあり、〝ゲルマン〟という言葉をアイデンティティとして用いるのは抵抗があるのです。ただし、W杯を始め、様々なスポーツの場面では、ナショナリズムを前面に押し出すことに容赦ありません。日本の「大和魂」に通じる、「意地」や「誇り」の精神を持って戦いに挑んでいるのです。

　また、ドイツでは1対1の勝負が重要視され、指導者からは「球際でしっかり戦える選手」が高く評価されます。試合の大事な場面で身体を張ってボールを奪ったり、相手に引っ張られながらもドリブルでボールを失わずに味方選

手にパスを出したりなどすると、観客からナイスプレーと称賛されます。それは
ブンデスリーガであっても、アマチュアリーグであっても同様です。だからこそ、
2季連続でデュエルランキング（1対1の勝利数ランキング）のトップに輝いた
遠藤航選手は、所属のVfBシュトゥットガルトで主将を任されるなど、高い評
価を受けている選手なのです。

■ ゴールキーパー大国を生み出したメンタリティ

ドイツでは、これまでゼップ・マ
イヤー、ハラルト・シューマッハー、
アンドレアス・ケプケ、オリバー・カー
ン、そして近年ではマヌエル・ノイ
アーなど、どの時代でも優秀なゴー
ルキーパーを輩出してきました。
ゴールキーパーは特別なポジション
であり、チームの守備の要です。
極端なことを言えば、ゴールキー
パーがすべてのセンタリングをキャッ
チしたり、すべてのシュートをセー
ブしたりしてしまえば、試合には絶
対に負けないのです。つまり、とて
も重要な役割を担うポジションです。

ボルシア・ドルトムント育成部ゴールキーパー
コーチのトビアス・リッツ氏。

しかし、なぜこれほどまでに、常に優秀なゴールキーパーを生み出せるのか。
その要因は何なのでしょうか？

ボルシア・ドルトムント育成部ゴールキーパーコーチのトビアス・リッツ氏は
こう言います。「歴史がゴールキーパーを作り出していると思います。サッカー
をする子供たちにとって、いつも憧れのゴールキーパーがドイツにはいるので
す。ドイツゴールキーパーの歴史が、それを作り続けていくのだと思います」

そんなリッツ氏の憧れはイエンス・レーマンだったそうです。レーマンは、ボ
ルシア・ドルトムントやアーセナルなどで活躍し、2006年自国開催のW杯では
ドイツ代表の正ゴールキーパーとして、チームの躍進に大きく貢献した人物です。

「私はボルシア・ドルトムントの育成部の出身なのですが、トップチームの試合で何度もボールボーイをしました。いつもレーマンの後ろに陣取り、彼のスーパーセーブに感銘を受けていました。ある試合で、すごいプレーを見たのです。レーマンは右利きの選手なのですが、僕が拾ったボールを彼に投げ渡すと、彼はそのボールをゴールエリアの角に転がし、それを左足で逆サイドの味方選手へ正確なパスを蹴ったのです。そのボールを受けた選手は、そのままビルドアップをスタートさせて、得点へと結びつけました。その当時は、まだゴールキーパーは守備の選手というだけで、攻撃に参加するオフェンシブゴールキーパーという考え方はありませんでした。それだけに、そのときのレーマンのパスに大きな衝撃を受けました」

　当時レーマンと並び、大きな存在感をブンデスリーガで発揮していたのが、オリバー・カーンです。バイエルン・ミュンヘンでは、400試合以上でゴールを守り続け、2002年日韓W杯ではスーパーセーブを何度も披露したドイツの生きる伝説です。

「カーンもとにかくすごかったです。すべてのシュートをどうにかしてキャッチしたいという彼の気持ちの強さやオーラは圧巻でした。静のレーマンに対して、激動のカーンというのは当時の私の彼らに対する印象でした。ゴールキーパーという責任の重いポジションをプレーしていく中で、彼らのミックスが私の理想のゴールキーパー像になっていきました。私はU-17、U-19とボルシア・ドルトムントでプレーをしましたが、残念ながらトップチームへ昇格することができませんでした。その後はオーバー・リーガ（5部リーグ）のアマチュアクラブでプレーし、現在はゴールキーパーコーチをしています」

　現在は、ゴールキーパーの育成に力を注ぐリッツ氏ですが、プロゴールキーパーを目指す選手たちに必要な資質とはどういったものなのでしょうか。

「とにかくゴールキーパーとしての基本技術が必要になります。基本技術を身につけたら、次のステップとして、より現実的な状況を作り出し、その中で基本技術を使えるようにしていきます。しかし、そもそもどんな選手をボルシア・ドルトムントへスカウトするのかが、とても重要になります。小学生、中学1、2年生年代であれば、彼らの基本的な運動神経はどうなのか、彼らのアジリティは十分なのか、最低でも利き足でしっかりとパスを出せるのか、ボールに対し

て攻撃的にプレーできる強い気持ちを持っているのか、本当にゴールキーパーになりたいのかどうか、などを条件に考えています。中学2、3年生以上の選手となれば、体の大きさ、その選手の両親の身長などもチェックします。そして、実際に試合中での彼のプレーや、仲間への声がけ、指示内容を聞きます。また、チームの中でフィールドプレーヤーになり試合に参加したいかどうか、常にボールを欲しがるかどうか、どうやって守備をしたいのか、ゾーンディフェンスができるか、両足でパスを成功させることができるのか、などをチェックします。しかし、何より大切なことは、ボルシア・ドルトムントでプレーするための強いメンタリティがあるかどうか。それがなければ、ここではプレーできません」

　ドイツの名門でプレーするには、多くの高いハードルがあるようですが、続けてリッツ氏は「メンタリティ」についてこう話します。

「ゴールを絶対に守りたいという責任感。相手フォワードに自分の顔面へシュートを打たせたい！　シュートを顔にぶつけられても問題ないし、相手選手がスパイクの後ろを見せて突っ込んできても恐れずに飛び込んでいける！　そういったクレイジーさみたいなものが、トップのゴールキーパーには必要になると思います。トレーニングで技術練習をこなせても、試合では失点をしないことの方が重要になります。どんな形でも絶対に守り切る、最後の砦として絶対に失点はしないという、クレイジーさと強いメンタリティが必要になると思います」

　レーマンがまだプロになる前、10年にわたり彼をトレーニングしたゴールキーパーコーチのハラルド・ブルンダマン氏も、レーマンが異常なメンタルの持ち主であったことを明かします。

「レーマンは、ドイツメンタリティを持った人間だった。クレイジーだったね。でも、他の誰にも負けないくらいに、とても勤勉な人間だったよ。ペナルティボックスに入ってくるボールは、すべてキャッチしていた。コーナーキックからでも同じだった。この能力を持っているかどうかが、トップのゴールキーパーになれるかどうかに大きく関係するんだよ。すべてを完璧にやりたいという気持ち、絶対にゴールを許さないという精神、それがまさにドイツメンタリティだよ」

　また、長年ロート・ヴァイス・エッセンの育成部を支え、イングランド・プレミアリーグでも指導者として活躍したアンドレアス・ウィンクラー氏は、こうも話します。

「ゴールキーパーというのは孤独なポジション。同時にストレスが多いポジション。例えば、トライアスロン、カヌー、遠泳などは、黙々と孤独にトレーニングしないといけないスポーツだけど、そういう種目ではドイツ人がいつの時代でも強い。孤独であったとしても、たくさんのストレスがあったとしても、大きな責任を自ら背負いたいというドイツ人。そんなドイツ人のメンタリティがゴールキーパーというポジションに惹かれるんだと思う」

　ドイツ人たちが自負するこの「メンタリティ」こそが、優秀なゴールキーパーを生み出してきたのです。オリバー・カーン、イエンス・レーマン、ゼップ・マイヤーなどそれぞれがドイツサッカー界に逸話を残す人物ばかりです。多くのサッカーファンたちが、これらの名選手たちに対して「クレイジーゴールキーパー」だと熱い言葉をぶつけてきました。

　ドイツサッカー界はこれらのゴールキーパーにも飽き足らず、2000年代に入り、ゴールキーパー育成改革を進めました。偉人たちに続いて現れたのが、マヌエル・ノイアー、マルク＝アンドレ・テア・シュテーゲンです。ノイアーのプレーゾーンはペナルティボックスに留まらず、広範囲に飛び出し守備ラインを助けることから、「ドイツに再びリベロが帰ってきた」とオールドファンから大きな賞賛を受けました。テア・シュテーゲンは世界一のクラブ、FCバルセロナで活躍しています。しかし、これら代表的な2人のゴールキーパー以外にもまだまだ優秀な選手がいます。2021-22シーズンに、アイントラハト・フランクフルトを欧州リーグ優勝へと導いたケヴィン・トラップの、ゴール前でのパフォーマンスは圧倒的です。プレミアリーグのマンチェスター・ユナイテッドからのオファーを断り、引き続きフランクフルトのゴールを守り続けています。ビーレフェルトの守護神、シュテファン・オルテガは、ビーレフェルト育成部の出身です。彼のストロングポイントは、ゴールラインだけではありません。守備ラインを通り越して中盤の選手へ出される鋭いパスは、ブンデスリーガの強豪クラブからも大きな注目を浴びました。2022-23シーズンから、マンチェスター・シティに移籍を果たしました。

　ドイツメンタリティが永遠に引き継がれる限り、今後も世界を代表する優秀なゴールキーパーがドイツから生まれ続けるでしょう。

COLUMN　イマドキの女子高生にノイアーは不人気!?

エッセン市にある地元の進学校に通う16歳のアレアンドラ・ヴィンゲンデルは、将来プロを目指すゴールキーパーです。サッカーを始めたのは兄の影響でした。兄は練習のときに妹をミニゴールの前に立たせるとシュートの練習を始めました。アレアンドラがゴールキーパーの代わりというわけです。ところが、いつしか彼女は代役を夢中になってこな

すようになりました。ゴールキーパーの魅力に気がついたのです。ついには兄の放ったシュートをキャッチできるまでになりました。女子U-12クラブチームに所属してからはさらに熱心なトレーニングを重ねると、クラブ内での評価が高まり、上のカテゴリーの監督からも声をかけられるようになったそうです。学校の勉強をおろそかにすることなく、サッカーのトレーニングにも力を入れ続けた結果、5部所属から3部リーグに参戦するクラブへとステップアップを果たしました。

「サッカーというスポーツは、仲間とひとつになれるから、それが素晴らしいことだと思うの。以前はテニスやカヌーもしたことがあるけど、私にはただ退屈なだけだったわ。仲間と一緒に頑張れるサッカーが私のスポーツだと思ったの！」

彼女はさらなるレベルアップを目指し、プロサッカークラブのゴールキーパーコースに通っています。練習生の中で、女子はアレアンドラ1人だけです。

「最初は他の男子の親たちに、変な目で見られたけど、そんなこと気に

ならなかったわ。とにかく上手くなりたいだけなの。私が女子だからって、気持ちの入ってないシュートなんか、私に向けて打ってほしくない。男子たちなんかに負けたくないし、この紅一点の状況を誇りに思ってる。サッカーをする上で一番大切なのは、楽しむこと。でもゴールキーパーにとって重要なことは、それだけじゃないの。楽しむこと以上に大切なことは、シュートに立ち向かうこと！　常にボールへ飛び込める強い気持ちと脚力、俊敏性、体力が必要だわ」

　男子にも屈さない強い気持ちのアレアンドラですが、そんな彼女の憧れのゴールキーパーは、いまやドイツ最高のゴールキーパーとして君臨するノイアーではなく、イタリア代表でも長年活躍したジャンルイジ・ブッフォンだそうです。

「ノイアーは、何だか存在感を出し過ぎで好きじゃない。ノイアーを見ているとシアターを見ているみたいな感じ。ブッフォンは派手なことはしないタイプ。彼は派手なことをしなくても、得点を許さないわ。ライン上ではブッフォンがだいぶ上だと思う」

　ドイツ人のメンタリティらしく、世の中の風潮やメディアのコメントに流されない自分の意見をしっかりと持っています。そんな彼女に「ドイツには、なぜ卓越したゴールキーパーがいつも存在するのか？」と尋ねました。すると、彼女の答えも「ドイツ人のメンタリティだと思う」でした。

「ゴール前で最後の砦として、チームを守りたいという責任を持ちたがるのがドイツ人のメンタリティだと思うわ。例えばセンターフォワードは、10回のチャンスで9回空振りをしても、1回だけでも得点すればそれで良しとされる。でもゴールキーパーは10本のシュートを受けて、9回のファインセーブを成功させても、1回のミスで失点をすれば、それが敗戦へとつながってしまう。勝敗に対する大きな責任に関わるもの。サッカー選手として、その最も大きな責任を持ちたがるのがドイツ人のメンタリティなんだと思うわ」

　その溌剌とした表情からは、何の迷いも感じることはありませんでした。彼女もドイツメンタリティの継承者なのです。（福岡）

3 | ドイツと移民

■ 移民の歴史と現実問題

　ドイツは歴史的に多くの移民をこれまで受け入れてきました。2021年は約132万人が移民としてドイツに入ってきましたが、彼らの69%はヨーロッパ大陸からで、そのうちの約半分がEU諸国から来ています。ヨーロッパの次に多いのがアジア大陸の19%、アフリカ大陸5%、アメリカ大陸4%となっています。

　また国別で見ると、一番多いのがルーマニアの約19万人、2位がポーランドで、次いでブルガリアとなっています（図5）。

1	ルーマニア	190,604	6	アフガニスタン	31,738
2	ポーランド	94,100	7	インド	30,088
3	ブルガリア	71,227	8	ハンガリー	26,627
4	トルコ	44,625	9	クロアチア	24,721
5	イタリア	40,601	10	スペイン	24,656

単位：(人)

図5　ドイツ在住移民の出身国（2021年調べ）

　移民としてやってくる人たちの理由も様々です。

　まずは戦争やテロといった人道的、政治的理由でドイツにやってくる人たちです。彼らの割合は2015と2016年をピークに減ってきています。しかし、2022年2月からロシアのウクライナ軍事侵攻に伴い、今後は再び増加することが予想されます。

　ドイツでは難民も移民として積極的に受け入れています。シリア内戦の影響

で 2015 年、2016 年にはアフガニスタン、イラク、シリアといった国から多くの難民申請が出されましたが、現在は減少傾向にあります。一方、近年ではロシアのウクライナ侵攻問題があり、多くのウクライナ人がドイツへ避難してきています。

その他の理由として、家族揃ってドイツに来る、勉強（いわゆる留学）、仕事のためにドイツに来る場合もあります。

ドイツにおける移民の歴史は大きく 3 つの時代に分けることができます。最初は 1955 年から 1973 年にかけての時代です。第二次世界大戦で敗れたドイツは人口、労働人口が減少しました。そこでドイツ政府はガストアルバイター（出稼ぎ外国人労働者）の受け入れを始めました。1955 年にイタリアを皮切りに、1960 年にはスペインとギリシャ、1964 年にはポルトガルなど数ヶ国と協定を結びましたが、その中でもトルコとの関係が一番強くなりました。1961 年 10 月にトルコとの関係をスタートさせると協定が終わる 1973 年までに約 86 万人のトルコ人がドイツにやって来ました。

本来であれば、ガストアルバイターは一定期間のみドイツで労働に従事するはずでしたが、自国よりもドイツの生活水準が高いこともあり、彼らの家族もドイツに移り住むようになりました。これが第二次移民ブーム（1973 〜 1985 年）です。

2010 年にチュニジアで起こったジャスミン革命に伴い、中東諸国で民主化運動が広がったいわゆる「アラブの春」を契機とし第三次移民ブームが起こり、2015 年は史上最高となる約 213 万人を受け入れました。

ドイツは日本と異なり、車や列車、または徒歩でも入国可能な国です。社会保障制度が整備されたドイツで、安全で豊かな生活をしたいと多くの人たちが入国しようと押し寄せるのです。あるブルガリア人はこう言います。

「仕事なんて、何でもいいんだよ。住むところがあって、子供たちが学校や、病院へ行けるだけで幸せなんだよ」

彼の実家はブルガリアの田舎で、その村での 1 ヶ月の平均収入は、400 ユーロほどだそうです。比較的に大きな都市にあるサッカークラブであれば、純粋なドイツ人だけで構成されるチームは、ほぼないのではないでしょうか。街を見渡せば、トルコ料理を提供するお店が必ず見つかります。また、ギリシャ人

のレストランも沢山ありますし、イタリア料理の店、スペイン料理の店、クロアチアの高級レストランやアイリッシュパブなどもたくさん並んでいます。街中を車で通り抜ければ、前を走行する車のナンバーが、ウクライナを象徴する青と黄色のマークをつけた車に出くわすこともあります。

このようにドイツ政府としては多くの移民を受け入れてきましたが、現場では問題もあるのです。まずは移民の受け入れに難色を示す自治体も存在している点です。移民を受け入れる自治体は、仮設住居などを造ったことで、その地域に住む人々から苦情がきたり、治安の悪化で地価が下がるなどの問題も出てきているようです。また、移民に対する差別、ドイツ人と同等の就労機会を得られない現状など、共存が必ずしも実現していない現実があります。

また移民側も社会保障を当てにする者、ドイツ語を学ぶことをしないまま同じ民族でコミュニティを形成するなど、社会に適応する努力をみせていないことも指摘されています。

■ サッカーを通じた移民プロジェクト

移民の問題に関して、サッカーも大きな役割を担っています。2007年から、ドイツに出生のルーツを持たない移民の子供たちをサポートしようというプロジェクト「Fußball trifft Kultur（FtK）」が行われています。日本語に訳すと「サッカーは文化に出会う」という意味です。このプロジェクトを指揮するのは、カリン・プロッツさんです。サッカーを通じて、子供たちが明るい未来を得ることができるためのきっかけを提供したいと考えています。

プロッツさんは大学で歴史と社会学を専攻した後、PRエージェント、経済新聞社のマーケティング部、オブジェクトマネージャーとキャリアを積み重ねていき、その後、ブックフェア（本の見本市）へと活躍の場を移していきました。「ブックフェアでは、マーケティング部門と教育部門の担当になりました。その時期に私は、1人のサッカーコーチに出会いました。当時、ロンドンにある荒廃した学校で物理学を教えていたロジャー・プリンス先生です。彼に『やる気のない生徒たちをどのように授業に積極的に参加させるのか？』と質問をしたのです。彼はこう答えたのです。『彼らが積極的に授業に参加しないならば、サッ

カーに参加させないのです!』と。私はここからインスピレーションを得たのです。ロジャーは、後に故郷のトリニダード・トバゴで、このサッカーと授業をコンビネーションさせるアイデアを発展させました。私はこれを『サッカーは文化に出会う』と名付けたのです」

　プロッツさんはその後、あるアイデアコンペに、このコンセプトを持って参加しました。その結果、優勝を果たし、50,000 ユーロを獲得しました。これを元手に 2007年に、アイントラハト・フランクフルトと提携し、フランクフルトのカルメリタースクールで FtK をスタートさせたのです。最初に参加したのは 24 人の生徒たちでした。

「FtK は、多様化する社会に溶け込むための教育の場としています。サッカーとドイツ語、そして文化をテーマにし、ドイツ語力、社会生活における判断能力と学校での学び方を示し、子供たちが自分自身に自信をもてるキャラクターを形成できるようにと取り組んでいます。このプロジェクトをスタートさせたのは 2007年でしたが、当初は学校の授業に加えたプラスαのドイツ語の授業を提供するために、サッカーのトレーニングをセットにしたのです。サッカーに対する気持ちをドイツ語につなげようという狙いでした。そして、最低1年は子供たちに頑張って続けてもらおうと思い、始めたのです。現在は、サッカーとドイツ語レッスン、文化的アクティビティを組み合わせることで、子供たちのモチベーションを刺激し、勉強することの大切さを伝えることを目標にしています。2007年のスタート時には、わずかに 24人の子供たちが参加しただけでしたが、2021-22 年では、737人の子供たちが参加しました。2007年から今日までの合計でいえば、約5,000人の子供たちが FtK で学んでいきました」

　ドイツにルーツを持たない家庭に

FtK プロジェクトを指揮するカリン・プロッツさん。

生まれ育っている子たちは、学校ではドイツ語を話しますが、家に帰ると彼らの両親の母国語を話します。外国語（ドイツ語）の習得は非常に困難な作業です。そこで2006年に、そういった子供たちをサポートしようと結成されたのが、FtKです。FtKは「リテラシー・キャンペーン」を掲げ、子供たちの教育を受ける機会を平等にし、移民の子供たちがドイツ社会へ融合し社会貢献できる人材になれるようにと活動をしています。

「サッカーをして体を動かすことの喜び、チームで協力し合うことの大切さ、子供たちが自身の意見を言葉にするための重要な語彙の増加、表現力、読み書き、これらの能力の取得を応援しています。そのために、子供たちは週に2回、放課後に45分のドイツ語のレッスンと45分のサッカーのトレーニングに参加するのです。私たちが提供するスペシャルなことは、プロサッカークラブのコーチが、子供たちを指導することです。ドイツ語の授業では、子供たちの学校での成績に良い影響を与えることができるように授業が進みます。子供たちはドイツ語の授業とサッカーを通して、フェアプレー精神を身につけていくのです。サッカーに対するモチベーションがドイツ語を学ぶ気持ちへとつながるのです。さらに、文化的アクティビティとして、美術館やミュージアムを訪れることで、貴重な経験をし、その中でさらにドイツ語を学んでいきます」

　このように、子供たちのためにサッカーを通じた取り組みが行われています。プロッツさんはより良いサポートを行うためにも、移民側の協力が必要と言います。

「生活、家庭環境、親の所得と教育における成功には密接な関係があります。私たちはこれを受け入れることができないと判断しました。社会的、物質的条件に依存することなく、ドイツに住むすべての子供たちが良い教育を受けることができるようにと努力をしています。困難な状況にいる子供たちの自主性を育てたいのです。ドイツ社会へ溶け込み、人生を切り開くために必要なものは言語能力になります。PISA（OECD＝経済協力開発機構による学力テスト）の調査によると、ドイツ国内の15％の生徒たちがドイツ語能力に問題があるという結果を公表しています。その子供たちの多くが、親自身が教育を受けていない、または教育に関心がない家庭にいるのです。そういった多くの場合では、〝移民〟という背景を抱えているのです。『ドイツにおける教育2020』によると、

良い教育を受けて優秀な成績を収める子供たちの家庭環境は裕福で恵まれたものであるという調査結果が公表されています。さらに、新型コロナウイルスの大流行はこの問題を悪化させ、学校に対して難しい対応を求めています。私たちの言語能力サポートプログラムは学校と子供たちを大きくサポートしていると自信があります。ドイツには過去に『ナチス時代』という負の時間がありました。そのために、ドイツ社会は移民に対してよりオープンであることが義務であると考えているのです。また重要なことは、移民側もドイツのルールを受け入れ、ドイツ語を話すことです。そうすれば、移民のドイツ社会への適応は容易になります」

　毎年、学年度末となる6月には、FtKの全国大会が開催されます。各学校は、地元のプロクラブのサポートを受けていますが、この大会に参加するにあたっても例外ではありません。子供たちは、クラブからプロ選手と同じユニフォームをプレゼントされ、それを身にまとい大会に参加するのです。アイントラハト・フランクフルト、ボルシア・ドルトムント、FCシャルケ04、VfLボーフム、VfBシュトゥットガルト、ボルシア・メンヘングラッドバッハなどのプロクラブが地元の学校を応援するのです。熱戦が繰り広げられる中、試合のない時間には、ドイツ語を駆使して解かなければならないクイズの時間もあります。1年間の頑張りをぶつけ合い、最後は子供たちみんなが笑顔になる大会です。

【FtKと提携しているプロサッカークラブ】

（1部）

VfLボーフム、ボルシア・ドルトムント、ウニオン・ベルリン、

1.FCケルン、VfBシュトゥットガルト、FCアウクスブルク、

1.FSVマインツ、FCシャルケ04、アイントラハト・フランクフルト、

ボルシア・メンヘングラッドバッハ

（2部）

FCザンクトパウリ、アイントラハト・ブラウンシュヴァイク、

SpVggグロイター・フュルト、SSVヤーン・レーゲンスブルク、

1.FCニュルンベルク、フォルトゥナ・デュッセルドルフ、

SVダルムシュタット98

（3部）

SGディナモ・ドレスデン、MSVデュイスブルク、

ロート・ヴァイス・エッセン

（4部）

ヴュルツブルガー・キッカーズ、シュトゥットガルト・キッカーズ

※カッコ内は2022-23シーズンの所属リーグとする

移民ポドルスキは生粋のケルン人

　ヴィッセル神戸でもプレーし、元ドイツ代表としても多くの功績を残したルーカス・ポドルスキは、日本にも馴染みのある選手でしょう。実は、ポドルスキもポーランドからの移民です。1985年6月4日にポーランドで生まれます。1987年にケルン郊外の街に引っ越し1991年にサッカーを始めました。その後、1995年に1.FCケルンの下部組織に移籍すると才能を開花させ、2003年に同クラブでプロデビューを飾ります。

写真：ロイター／アフロ

　ケルンという街はベルリン、ミュンヘン、ハンブルクに次ぐドイツ第四の大都市です。ケルン人は人懐っこくて、明るく陽気な性格で故郷を大事に想い、異文化にも寛容な気質を持ち合わせていると言われています。また、この街で育った男性は「ケルシュユンゲ(Kölschjung)」、女性は「ケルシェメートヒェン(Kölschmädchen)」と呼ばれ、ポドルスキも典型的な「ケルシュユンゲ」です。

　2003年から3シーズンで81試合に出場し46得点を記録したポドルスキは、その後バイエルン・ミュンヘンに移籍をします。しかし、バイエルンでは71試合で15得点と本来の力を発揮しきれませんでした。その理

由として、チーム内のレベルの高い競争のほかに、ホームシックが影響しているとも報じられていました。地元愛を貫いたポドルスキはバイエルンとの契約を1年前倒しで解消し「長くチャンピオンズリーグでプレーできると思うが、そんなことはどうでもよい。1.FCケルン、ファン、そして南側スタンドに戻って来たかった」と言って古巣に戻る選択をします。

　1.FCケルンで3シーズンプレーしたのち、2013年からは自身初の海外挑戦となるアーセナルへの移籍を決断します。陽気な性格と異国の文化にも寛容なケルン人の気質を持ったポドルスキは、アーセナルではすぐに溶け込むことに成功し、2014年にはFAカップのタイトルを獲得します。その後もトルコ、日本、ポーランドと様々な国でプレーするポドルスキは、それぞれのクラブでサポーターから愛されています。

　このようにポドルスキは、移民であるにもかかわらず、ケルン人の気質を兼ね備えた典型的な「ケルシュユンゲ」としてドイツ国内外で活躍するストライカーなのです。（杉崎）

ブンデスリーガを
支える
ドイツリーグの基盤

1 | プロサッカーとアマチュアサッカーの構図

■ **5部以下がアマチュアリーグ**

　ドイツでは約24,500 のサッカークラブが存在しており、地域によって数は若干違いますが、約11 のカテゴリー（リーグ）に分けられ、その頂点にブンデスリーガがあります（図6）。

　1部ブンデスリーガは 1963-64 シーズンにスタートしました。リーグ発足時は16 チーム（1.FC ニュルンベルク、TSV1860 ミュンヘン、アイントラハト・フランクフルト、カールスルーエ SC、VfB シュトゥットガルト、1.FC ケルン、MSV デュイスブルク、ボルシア・ドルトムント、FC シャルケ 04、SC プロイセン・ミュンスター、ハンブルガー SV、SV ヴェルダー・ブレーメン、アイントラハト・ブラウンシュヴァイク、1.FC カイザースラウテルン、1.FC ザールブリュッケン、ヘルタ・ベルリン）が参加し初代優勝クラブは 1.FC ケルンでした。なお、2022-23 シーズン時点で 56 のクラブが 1部リーグでプレーしています。

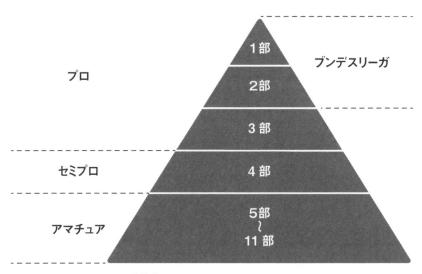

図6　ドイツサッカーのリーグ構成

　2部ブンデスリーガは 1974-75 シーズンから始まりました。当初は北地区と

南地区の2つに分かれていましたが、1981-82シーズンより1つのリーグに統合され、これまで127チームが参加しています。

　2部でも多くの観客がスタジアムに足を運び、2021-22シーズンの平均観客数は約13,600人でした。また、これまでの最高観客数は1977年4月2日に行われたTSV1860ミュンヘン対VfBシュトゥットガルト戦の77,573人となっています。

　3部は1部・2部の補完リーグ並びに若い選手の成長の機会を作るリーグとして2008-09シーズンから導入され、これまで66クラブが同リーグに所属した経験があります。平均観客人数は5,612人で、この数字をJ3と比べると、2021シーズンのJ3平均観客人数が1,913人で、約3倍の差があります。同リーグの特徴はU-23の選手を最低4人ベンチ入りさせなければならない規定を採っていること。またトップチームがブンデスリーガ1部・2部に所属するセカンドチーム（ボルシア・ドルトムントⅡやSCフライブルクⅡなど）では、23歳以上の選手が3人以上同時にピッチに出られない規則を設けています。3部までがプロサッカーリーグとして運営され、選手も全員プロ契約を結んでいます。

　4部リーグはレギオナルリーガと呼ばれています。1963年に発足し、当時は2部ブンデスリーガがなかったため、1974年までは1部ブンデスリーガに次ぐ、リーグとして存在していました。その後、2部ブンデスリーガが発足し、20年間はレギオナルリーガが廃止され1994年から3部リーグ、2008-09シーズンに4部リーグに変更されました。現在は5つの地域（北・北東・西・南西・バイエルン）に分かれています。なお、4部リーグには過去に1部・2部に所属経験のあるクラブも多数存在しており、若手の有望株から元代表選手まで所属していることからレベルも高いのです。また彼らの多くがプロ契約を結んでいることからセミプロとして位置づけられています。

　5部リーグから下はいわゆるアマチュアリーグとして存在しています。かつてボルシア・ドルトムントで230試合以上に出場し、ドイツ代表としても2014年ブラジルW杯優勝メンバーのケヴィン・グロスクロイツは、現在（2022-23シーズン）5部でプレーしています（来季からは6部リーグでプレー予定）。グロスクロイツのような例外もありますが、基本的にはサッカーで生計を立てることができる選手は少数で、大半がサッカー以外にメインの仕事を持っている人たち

がプレーしています。

　またほとんどのクラブが週に2〜4回の練習が夜から行われ、チームバスを所有するクラブは少なく、試合会場へは自家用車での移動が通常となっています。このように経済的な理由で、ここから上のリーグを目指すクラブというのはほとんどありません。このことからも5部以下はアマチュアクラブとして認知されています。

　そんなアマチュアリーグで構成されている5部以下のリーグですが、熱心なサポーターは存在します。試合当日になると地元の人を中心に500人ほどの観客で埋め尽くされ、ダービーマッチでは発煙筒が焚かれたりするなど、ブンデスリーガさながらの熱気に包まれることもしばしばです。

　8部リーグでも応援団がいるクラブもあるなど地元を大事にするドイツ人の気質が垣間見られます。アマチュアリーグはブンデスリーガに比べると、もちろん競技レベルに大きな差が生じますが、試合を見に来るファンの熱さはブンデスリーガのスタジアムに匹敵するほどです。

　サッカー文化が根づいているドイツには、毎年トップからアマチュアレベルまで様々なカテゴリーで自らの力を試すべく挑戦する日本人の姿があるのも、大きなリーグ環境の土壌があるからです。

■ドイツ全土で盛り上がるDFBポカールの存在

　ドイツサッカー界にも、日本の「天皇杯JFA全日本サッカー選手権大会」のようなカップ戦があります。それがDFBポカールです。ドイツサッカー連盟（DFB）が開催しドイツ杯とも呼ばれています（図7）。優勝チームは翌シーズンのUEFAヨーロッパリーグの参加権が得られます。ドイツ国内の多くのクラブにとって、ブンデスリーガと同様にドイツサッカー界で最も重要な大会であり、ブンデスリーガとDFBポカールの2冠を獲得することは、夢であり目標となっています。

　DFBポカールに参戦できるのは、ブンデスリーガ1部の全18クラブと2部の全18クラブ、3部のクラブは前年度のシーズンで4位までに入賞したクラブに限られます。さらに地域予選を勝ち抜いたアマチュアの24クラブが加わり計64チームとなります。

シーズン	優勝	準優勝
2000-01	FCシャルケ04	ウニオン・ベルリン（3部）
2001-02	FCシャルケ04	バイヤー・レバークーゼン
2002-03	バイエルン・ミュンヘン	1.FCカイザースラウテルン
2003-04	SVヴェルダー・ブレーメン	アルマニア・アーヘン（2部）
2004-05	バイエルン・ミュンヘン	FCシャルケ04
2005-06	バイエルン・ミュンヘン	アイントラハト・フランクフルト
2006-07	1.FCニュルンベルク	VfBシュトゥットガルト
2007-08	バイエルン・ミュンヘン	ボルシア・ドルトムント
2008-09	SVヴェルダー・ブレーメン	バイヤー・レバークーゼン
2009-10	バイエルン・ミュンヘン	SVヴェルダー・ブレーメン
2010-11	FCシャルケ04	MSVデュイスブルク（2部）
2011-12	ボルシア・ドルトムント	バイエルン・ミュンヘン
2012-13	バイエルン・ミュンヘン	VfBシュトゥットガルト
2013-14	バイエルン・ミュンヘン	ボルシア・ドルトムント
2014-15	VfLヴォルフスブルク	ボルシア・ドルトムント
2015-16	バイエルン・ミュンヘン	ボルシア・ドルトムント
2016-17	ボルシア・ドルトムント	アイントラハト・フランクフルト
2017-18	アイントラハト・フランクフルト	バイエルン・ミュンヘン
2018-19	バイエルン・ミュンヘン	RBライプツィヒ
2019-20	バイエルン・ミュンヘン	バイヤー・レバークーゼン
2020-21	ボルシア・ドルトムント	RBライプツィヒ
2021-22	RBライプツィヒ	SCフライブルク

※カッコ内は当時の所属リーグ（1部以外）を表す

図7　2000-01シーズン以降のDFBポカール優勝＆準優勝チーム

そんなDFBポカールの大きな楽しみのひとつは、ブンデスリーガ1部所属の強豪クラブを、下部リーグやアマチュアのクラブが打ち破ることにあるのではないでしょうか？

　1回戦の組み合わせ抽選は全64クラブを2つのポットに分けます。ひとつ目のポットには1部リーグのクラブと昨季2部リーグで14位までのクラブが入り、2つ目のポットには残りのクラブが入ります。同じポット内のクラブは対戦しないように組み合わせがされることで、3部リーグ以下のクラブとブンデスリーガのクラブとの顔を合わせが実現するのです。格下のクラブにとってはジャイアントキリングのチャンスがめぐってくるのです。開催地は原則として下部リーグやアマチュアクラブのホームタウンです。小さな町クラブがブンデスリーガのクラブを迎えることになります。

　1991-92年シーズンは、当時2部に所属していたハノーファー96がDFBポカールで優勝を飾りました。ボルシア・ドルトムント、カールスルーエSC、SVヴェルダー・ブレーメン、VfLボーフム、ボルシア・メンヘングラッドバッハなど、5つの1部リーグのクラブを倒したのです。2部リーグのクラブが優勝を果たしたという記録は、今でもこのひとつしかありません。1992-93年シーズンには、ヘルタ・ベルリンのアマチュアチームが決勝まで駒を進め、バイヤー・レバークーゼンを相手に敗れはしましたが、0-1と健闘したという歴史もあります。

　最近の話であれば、2019-20年シーズンで、当時レギオナルリーガ（4部リーグ）に所属していた1.FCザールブリュッケンが準決勝まで駒を進めるという驚きもありました。SSVヤーン・レーゲンスブルク、1.FCケルン、カールスルーエSC、フォルトゥナ・デュッセルドルフを倒していきました。リーグ戦でもその勢いを維持し、見事に優勝を決めて3部リーグへの昇格を果たしました。

　2020-21シーズンには、同じくレギオナルリーガのロート・ヴァイス・エッセンが、ブンデスリーガ1部のアルミニア・ビーレフェルト、フォルトゥナ・デュッセルドルフ、バイヤー・レバークーゼンを倒して準々決勝まで駒を進めました。そのシーズンのロート・ヴァイス・エッセンは有力なスポンサーをバックに、3部リーグへの昇格を必達としていたのです。前年のシーズンでレギオナルリーガの得点王になったジモン・エンゲルマンを獲得するなど戦力の補強にも力を入

れていました。一部報道によると、エンゲルマン引き抜きの条件は年俸10万ユーロ（日本円にするならば当時のレートで約1300万円）であったとのことです。一方、リーグ戦では最終節までボルシア・ドルトムントⅡ（23歳以下の選手で構成されたチーム）と優勝争いを繰り広げ、最後は敗れこそしましたが、コロナ禍で活気のなかった街に、たくさんの熱いニュースを送り続けていました。

DFBポカールは、アマチュアクラブや、小さなクラブにとっては、賞金も魅力のひとつです。日本の天皇杯の賞金と比べてみると総額の大きさがおわかりいただけるでしょう（図8）。

	DFBポカール	天皇杯
優勝	4,320,000ユーロ （604,800,000円）	150,000,000円
準優勝	2,880,000ユーロ （403,200,000円）	50,000,000円
勝利チーム（準決勝）	3,350,000ユーロ （469,000,000円）	20,000,000円
勝利チーム（準々決勝）	1,670,000ユーロ （233,800,000円）	3,000,000円
勝利チーム（3回戦）	836,988ユーロ （117,178,320円）	2,000,000円
勝利チーム（2回戦）	418,494ユーロ （58,589,160円）	1,000,000円
勝利チーム（1回戦）	209,247ユーロ （29,294,580円）	500,000円

図8　DFBポカールと天皇杯の賞金　　※1）1ユーロ=140円で換算
※2）天皇杯4回戦～準決勝までの勝利チームの賞金は統一

賞金にまつわる興味深いエピソードがあります。2022年8月のことです。DFBポカールの1回戦が行われました。多くのサッカーファンから注目を集めたのは、FCトイトニア・オッテンゼン05（ハンブルク）対RBライプツィヒのカードです。FCトイトニアは、レギオナルリーガ北部（4部リーグ）に参戦するクラブです。地域予選を勝ち抜き、クラブ史上初めてDFBポカール本戦への出

場を果たしました。記念すべき初試合でしたが、ブンデスリーガ1部のクラブを相手に0-8の大敗を喫しました。歴史的な勝利を収めることができなかったFCトイトニアですが、試合後のライプツィヒからのサプライズにクラブは沸くことになります。ライプツィヒは、この試合で受け取るはずだった売り上げ金をFCトイトニアに譲渡したのです。

FCトイトニアのホームグラウンドには、人工芝のピッチしかありません。DFBポカールを開催する条件のひとつが天然芝のグラウンドであることからホームでの試合が叶いませんでした。しかし、DFBポカールでは試合の開催権の交換が禁止されているために、天然芝のグラウンドを探さなければなりません。FCトイトニアの本拠地はハンブルクです。名門クラブとして名高いハンブルガーSVとFCザンクトパウリは多くのハンブルク市民に愛されています。FCトイトニアは、両クラブに試合会場の提供を打診してみましたが、ハンブルガーSVのグラウンドは試合が予定されており、FCザンクトパウリからも良い返事をもらうことはできませんでした。

苦境に立たされたFCトイトニアでしたが、デッサウというハンブルクから400kmほど離れた地域ではありますが、試合が開催できるスタジアムを確保することができました。しかし、このスタジアムの芝生は荒れていました。とても公式戦を行える状態ではありませんでした。そこに対戦相手のライプツィヒが芝生の修繕費をサポートすると申し出てくれたのです。しかし新たな難題に直面します。芝生の状態を調査していくと、人体に有害な物質で汚染されていることがわかってきたのです。結局、次々と現れる難題にDFBが特例を認めざるを得なくなり、試合開催権の交換を許可しました。試合はライプツィヒのホームタウンでの開催となったのです。

通常、試合開催にあたり得られた売り上げ金は45%ずつを両クラブが分け合い、残りの10%をDFBが得ることになりますが、先に述べたようにライプツィヒはこの45%をFCトイトニアに譲渡しました。このライプツィヒが譲った45%が、FCトイトニアにとってどのくらい大きなサポートになったのかというと、FCトイトニアのホームスタジアムで試合を開催していた場合は、スタジアムの収容人数は8,000人ほどなのですが、ライプツィヒのスタジアムが収容したファンの数は13,000人です。チケットの収益だけを見ても、ライプツィヒが大きなサポートを

したことがわかるでしょう。

　ちなみにライプツィヒは、前年に行われたDFBポカールの2回戦での勝利後も同じように、試合の売り上げ金の45％を対戦相手のSVバベルスベルク03（4部リーグ）にプレゼントしたことがあります。世界中が新型コロナウイルスのパンデミックに苦しむ中、ライプツィヒが見せたサッカーにおけるロマン主義といえる出来事かもしれません。

　DFBポカールの試合会場では、「ベルリン、ベルリン、みんなでベルリンに行こう！」と、どのチームのサポーターも勝利をすると叫んでいます。スローガンの「みんなでベルリンに行こう」とは、決勝戦を開催するベルリンのオリンピックスタジアムを指します。1935年に始まったDFBポカールですが、当初の決勝戦は様々な都市で開催されていました。それが1985年以降はベルリンに統一されたのです。そこには歴史的な意味が込められています。

　ドイツ連邦共和国（西ドイツ）は1988年開催予定の欧州選手権の自国開催を目指して招致に立候補していました。西ドイツは、欧州選手権の開催権を得ることができる最高のポジションにいたのです。しかし、招致を確実にするためには、当時のドイツサッカー連盟の会長であったヘアマン・ノイベルガー氏を悩ませる大きな問題「ドイツの東西分断」があったのです。

　1945年、ドイツは第二次世界大戦に敗れ、領土をアメリカ、イギリス、フランス、ソ連によって占領されました。しばらくは4ヶ国による共同管理下におかれていましたが、やがて米ソの対立が深まったことによる東西冷戦状態が深刻化し、1948年にドイツは東西に分断され、その翌年にドイツ民主共和国（東ドイツ）とドイツ連邦共和国（西ドイツ）の2つの国家が形成されました。このとき、東ドイツの領土内にある首都のベルリンも東と西に分けられます（図9）。西ベルリンは、アメリカ・イギリス・フランスが権限を有し、東ベルリンはソ連が占領していました。西ドイツは冷戦時代つねに西ドイツと西ベルリンの一体性を対外的に主張し、あえて国家元首である大統領を西ベルリンに居住させるなど、簡単にソ連によって陥落させられないようにしていました。その後、西ドイツは西側諸国の支援を受けて順調に経済成長を続けますが、集団農業を中心とした東ドイツの経済は悪化の一途をたどると、疲弊した東ドイツの人々

は自由に行き来のできる西ベルリンを経由して西側へと亡命するようになりました。人口の流出に危機感を抱いた東ドイツ政府は1961年8月13日に東西の往来ができないように道路や鉄道網を封鎖すると「ベルリンの壁」の建設を始めたのです。壁が築かれたことにより東から西のベルリンへの交通路は遮断され、西ベルリンは、東ドイツの中の孤島となったのです。

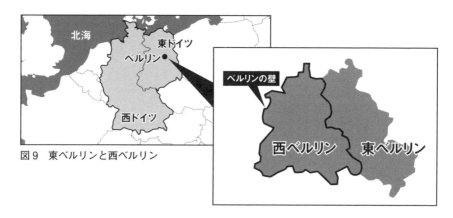

図9　東ベルリンと西ベルリン

　この東西冷戦時代の欧州サッカー連盟（UEFA）の執行委員会にも、社会主義の東欧諸国（東側）の委員はいました。もちろん議決権があり、UEFAでの決め事には、西側の委員と同様に彼らの意見も反映されるのですが、東欧諸国の委員は陸の孤島となった西ベルリンを訪れることに難色を示していました。UEFAのメンバーであろうと東欧諸国の要人が西ベルリンを訪れると「（米英仏が権限を有する）資本主義圏の西ベルリンと、資本主義国である西ドイツの一体性を認めた」のだと捉えられてしまうからです。この問題を回避すべく、ノイベルガー会長は西ベルリンを欧州選手権の試合会場から除外しました。

　ノイベルガー会長の方針に、西ドイツ政府やメディアからは激しい批判の目が向けられました。西ドイツのヘルムート・コール首相は、「もし1988年に西ドイツで開催される欧州選手権がベルリンで試合をしないのであれば、DFBは欧州選手権の開催自体を見送るべきだ」と発言したほどでした。

　しかし、DFBもUEFAも決定を覆しませんでした。ベルリン市民からの反発も相当なものであったことでしょう。ところが、そこに突如として「DFBポカー

ルの決勝戦を毎年ベルリンで開催する」という決定をドイツサッカー連盟が発表したのです。

　ベルリン市民からは、「これは単なる埋め合わせだ！」と多くの批判がありました。もちろん、ノイベルガー会長はこれを否定しました。当時のベルリンサッカー連盟のウーブ・ハンマー会長は、このように釈明しています。

「私とノイベルガーは、どのようにしたら魅力的なイベントを西ベルリンに持ち込んで開催できるかを長い年月をかけて考えてきました。代表戦を持ち込むのは難しいことでした。なぜなら多くの試合が水曜日に開催されるのですから。水曜日の試合開催は非現実的です。水曜日の夜に試合が行われると、観客が試合後に西ベルリンを離れるのは難しいものです（注：西ベルリン以外の都市から西ベルリンの試合会場へ訪れる人たちにとっては、平日に西ベルリンへ入り、試合後の夜遅くに西ベルリンを離れる交通手段がありませんでした。しかも翌日には仕事も学校もあります）。それゆえに、私たちは週末に試合を開催できるイベントを常に希望し探していました」

　しかしながら、西ベルリン市民は、この埋め合わせのプレゼントに全く満足はしませんでした。ノイベルガー会長への市民の怒りは相当に大きかったために、決定後初のベルリンでの決勝戦となったバイエル05ユルディンゲン対バイエルン・ミュンヘンの試合にノイベルガー会長は姿を見せませんでした。「ベルリン・オリンピアスタジアムのセキュリティ部門は、ファンによるノイベルガー会長への攻撃を警戒していた」という噂も聞こえたほどでした。

　結局、サッカーシーズンのフィナーレを飾るDFBポカールの決勝戦をベルリンで開催することを市民が納得するのには何年もの時間が必要となりましたが、今ではベルリンの人々にとって至福の時間として受け入れられるようになりました。

「欧州選手権は一度だけのお祭りでしたが、DFBポカールの決勝戦は毎年開催されるものです。毎年私たちが味わえるこのファイナルの雰囲気は歓喜と名誉です」とは、ウーブ・ハンマー会長の言葉です。

アマチュアから代表へ
上り詰めた選手たち

　多くのプロ選手が幼少期からレベルの高いクラブでプレーし激しい競争を勝ち抜いてきます。しかし、アマチュアリーグから見出された選手や、キャリアの途中で挫折を味わいながらも、そこから這い上がり国を代表する選手になる例も存在します。ここではそんな3人の選手を紹介します。

＜ミロスラフ・クローゼ＞

　1978年にポーランドで生まれたクローゼは、8歳のときに家族全員でドイツのラインラント＝プファルツ州に移住します。わずか200人ほどの会員数の町クラブの下部組織でプレーしたクローゼは、基幹学校を卒業後に大工の見習いとして、日中は8時間から10時間働く傍ら7部に所属していた同クラブのトップチームで20歳までプレーしていました。当時から非凡な才能はあったようですが「サッカー選手という職業はとても大変なものだ」と元プロサッカー選手で父ヨゼフの教えでクローゼは手に職をつけていたと述懐しています。働きながらプレーしていたクローゼでしたが、1998-99シーズンに長らく在籍した地元クラブを離れる決断をします。移籍したクラブのセカンドチーム（5部リーグ所属）で結果を残したクローゼは半年後にトップチームに昇格、当時の3部リーグでプレーすることになりました。1999-2000シーズンに1.FCカイザースラウテルンに移籍を果たすものの、ここでもアマチュアチームでプレーを余儀なくされるのです。しかし、22歳となったシーズン終盤にトップチームに昇格を果たすと彼のサクセスストーリーが始まりました。クラブレベルではSVヴェルダー・ブレーメン、バイエルン・ミュンヘンなどで多くのタイトルを獲得し、ドイツ代表では歴代1位となる71ゴールを決め、W杯通算得点ランクでも1位という輝かしい記録を保持しています。

　あるドイツ紙のインタビューで「多くの人が言うように私のようなキャ

リアを歩むことは今日ではおとぎ話みたいなことだろう。今ではスカウト
も沢山いるし才能が見落とされることはほぼないと思っている。それゆ
え今後は二度とないと思っている」と話すクローゼ。

　クローゼのサッカーに対する思いは非常に熱いものです。
「努力と才能の割合は半分ずつだと思う。自分の持っている速さと跳躍
力は両親から受け継いだものと思っている。一方でプロ選手になること を
夢見ていたからディスコなどにもいかずサッカーにすべてを捧げていた。
もし自分が今17歳だったとしても、きっとまたプロサッカー選手になって
いたと思う。なぜなら私には目標を絶対に達成したいという気持ちが備
わっているから」

＜ロビン・ゴゼンス＞

　現在セリエＡのインテル・ミラノに所属するロビン・ゴゼンスは、ドイ
ツ国内ではほぼ無名の存在だったと言っても過言ではありませんが、い
まやドイツ代表選手にまで上り詰めた選手です。

　1994年生まれのゴゼンスは、育成年代のすべての時間をノルトライン
＝ヴェストファーレン州にあるVfLレーデというクラブに費やしました。
「18歳の頃までは友達と遅くまで出歩いていた」と当時を振り返るゴゼ
ンスの夢は、お爺さんの影響もありアビトゥア（大学入学資格）を取得し
たあとに警察官になることを考えていたようです。そんなゴゼンスでした
が、大きなチャンスを得ることになります。それは、ボルシア・ドルトムン
トから練習参加の打診でした。しかし彼は前日に友達と遅くまでディス
コにいたことで寝過ごしてしまい、せっかくのチャンスを失ってしまいま
す。

　その後も２部リーグに所属する地元クラブのＵ-19でプレーしていたゴ
ンゼスはある試合で１ゴール１アシストを記録します。その試合後に、別
の選手の動きを見に来ていたフィテッセ（オランダ）のスカウトが彼のパ
フォーマンスに関心を示したのです。フィテッセ側からトライアルの打診
をされ、ゴゼンスはそれを快諾、その後フィテッセと契約を結ぶこととな

りました。

　ドイツメディア『シュポルトアインス』のインタビューでは、「オランダでチャンスをもらったときはハードワークをした。私よりも素晴らしい選手はいたが彼らの多くはプロ選手として大成しなかった。だからこそサッカー選手にとってのメンタリティは軽視してはいけない大きな要素だ」と語ったゴゼンスは、オランダで成功を収めた後、セリエＡのアタランタに移籍し、そこでも高いパフォーマンスを見せ2020年にはドイツ代表デビューも果たしました。

　そんなゴゼンスは「プロ選手を引退したら地元クラブに戻って昔の仲間とプレーすることがひとつの夢なんだ。今は忙しくて残念ながらそれはできないけど、いつの日か彼らとボールを蹴ってビールを飲みたいね」と、将来は多くのドイツ人と同様に地元でのプレーを希望しているのです。

＜マルコ・ロイス＞

　ドイツ代表MFとして48試合に出場しているマルコ・ロイスも挫折から這い上がってきた選手の1人です。元日本代表の香川真司選手(現セレッソ大阪)とボルシア・ドルトムントでチームメイトだったことから、日本のファンにも親しみのある選手ではないでしょうか。

　1989年にドルトムントで生まれたロイスは4歳でサッカーを始めると、すぐに頭角を現し6歳でボルシア・ドルトムントのアカデミーに入団します。10年間以上ドイツ屈指の名門クラブの下部組織に在籍するものの、U-17の冬に、身体が小さいことが理由で昇格できず、移籍を決断します。

　悔しさをバネにその後移籍したロート・ヴァイス・アーレンIIで結果を残したロイス。18歳でロート・ヴァイス・アーレンのトップチームに昇格を果たすと、翌シーズンには2部リーグ昇格に貢献します。主力として1シーズンズ2部で戦ったロイスは、2009年にボルシア・メンヘングラッドバッハに移籍し合計3シーズンで41ゴール28アシストと結果を残しまし

た。そして2012年、〝古巣〟のドルトムントと契約を結ぶことになるのです。「さらに成長するためには正しい決断だと思っている」と当時のロイスは語っています。2023年の時点でいまだボルシア・ドルトムントに在籍するロイスは合計で5つのタイトルを同クラブにもたらしています。

　ロイスと同様に、元ドイツ代表FWパトリック・ヘルメスも13歳で1.FCケルンの下部組織に入団するもU-17に昇格できず。以前所属していたクラブに戻りそこでの活躍が認められ21歳のときに再びケルンに戻ってきた例もあります。

　彼らのような代表クラスの選手でさえもトップからはじき出されることもあります。しかし、そういった選手を拾う受け皿があり、活躍すれば再び戻ってこられるシステムもあります。サッカー好きがプレーすること自体を諦めたり、原石の才能が潰されたりしないような環境が整っているのです。（杉崎）

2 | 地域に根ざしたスポーツクラブ

■ アマチュアクラブ、それぞれの生き方

　バイエルン・ミュンヘンやボルシア・ドルトムントといった世界的なビッグクラブがあるドイツサッカーを支えているのは、ドイツ国内で登録されている約24,500クラブの存在があるからにほかありません。ここでは、2つのアマチュアクラブを紹介していきます。

　最初に紹介するのは、ケルン市内にあるカルク地区で活動するボルシア・カルクというクラブです。同クラブの設立は1905年、会員数は480人、地域に根ざした町クラブの数字としては典型的と言えるでしょう。現在は、8部リーグに所属しています。

　クラブで代表を務めるサルバトーレ・サッポリート氏は、彼の父親も同クラブの会長を務めるなど親子2代でクラブを支える52歳です。
「クラブの理念は、若い世代の子供たちにストリートからスポーツ、特にサッカーをする機会を与えることです」

　こう話す背景にはカルクという地域の特性があります。実際、30年ほど前ま

ボルシア・カルクのサルバトーレ・サッポリート氏（写真左）とクラブサポーター（写真右）。

でこの地区では窃盗や薬物販売など犯罪がかなり蔓延っていたそうです。近年では都市開発が進み、治安はかなり良くなってきました。それでもいまだ貧困層、社会的弱者が多く住んでいます。そういう環境の中にあるクラブだからこそ、スポーツ、特にサッカーを通じて健全な子供たちに育ってもらいたいという想いがあるようです。

　クラブの収入源は、ケルン市からの助成金、地元商店街からのスポンサー料、並びにクラブの会員が支払う月額10ユーロの会員費です。しかし、新型コロナウイルスの影響で倒産した店も多く、また倒産までではいかなくとも経営が苦しくなり、クラブの支援を断念せざるを得なくなったスポンサーも増えているようです。また、ロックダウン期間中はクラブが活動していなかったこともあり会員費もなく、クラブ運営をさらに圧迫しているといいます。ただし、これらの問題は他の多くのクラブが抱えている問題ともいえます。

　ボルシア・カルクには、クラブで活動しているチーム数すべて合わせると18あります。U-6 〜 U-19の育成年代が12チーム存在し、成人チームは3チーム、40歳オーバーで構成されるシニアチームが3チームあります。どのカテゴリーも地域や市内リーグに所属しており、競技レベルは決して高いとは言えません。「お金を投資して上位リーグに昇格することも可能かもしれない。しかし、お金が支払われなければどうなる？　我々は次の100年間もクラブが存続し続けることを見据えて考える方が大事なんだ」会長はこのように話します。

　経営面以外でも、指導者の確保というのもこのクラブでは大きなテーマとなっています。クラブで指導に携わるコーチは全員ボランティアということもあり、家庭や仕事がどうしても優先的になってしまいます。また、お金をもらえないとなると優秀なコーチを確保することは難しく、競技面で結果を残すことができません。この負のスパイラルが続いているのです。一方で、クラブ側としてはライセンス取得を希望するコーチに対しては参加費や、指導者リフレッシュ講習会の参加費負担を行うなどコーチの質を高める努力はしているようです。

　このように決して恵まれている環境とはいえないクラブだからこそ目指す道もあると、サッポリート氏は断言します。キーワードは「地域貢献」です。

　具体的な活動として、会員に対しクラブハウスを貸し出して、誕生日会などの催し物を開催する機会を与えたり、カーニバルや消防活動、学校行事など

地域で行われるイベントにはグラウンドを開放するなど地域コミュニティーの一部としての役割を果たしています。

　また、クラブの隣には児童養護施設があり、彼らのために週1回グラウンドを開放しサッカーをプレーする機会を与えています。
　様々な面で地域社会との連携を図る同クラブが最も力を入れているものとして、「キック・ミット・グループ」という活動があります。日本語に訳すと「一緒にボールを蹴るグループ」です。これは、障がい者のために毎週金曜日にグラウンドを開放しサッカーをしてもらうという2000年から始まった運動です。同活動の理念は以下の通りです。

・サッカーを通じて成功体験を積み重ねる
・運動することの面白さを感じてもらう
・チームスポーツで社会性を学ぶ
・競技思考に傾くことなく楽しくサッカーをプレーし生涯スポーツとして
　サッカーに関わってもらう

（ボルシア・カルクホームページより）

「子供たちが社会に出て必要になる規律やチームワーク、協調性といった要素はこの地域の親からなかなか教わることができない状況だ。そこをクラブが

サッカーを通じて手助けすることこそが我々のクラブの役割である」(サッポリート氏)

　サッカーという競技は勝ち負けから学ぶこともたくさんありますが、人と人とのつながりを大切とし、人間・地域を作っていくツールのひとつなのです。

　続いて、ハンブルク北東部にあるSCエゲンビュッテルを紹介しましょう。トップチームは7部リーグに所属しています。2023年4月には創設70年を迎え、サッカーだけではなく体操競技の活動も盛んです。

　サッカー部門は、男子の育成年代が19チームとシニアチームが4つあり、女子は育成年代とシニアでそれぞれ1チームずつ保有しています。

　このクラブ最大の特徴は、通常のシニアチームだけではなく、年齢によってカテゴライズされたシニアチームも存在することにあります。アルテヘレン、ゼニオーレン、スーパーゼニオーレンという3つに分類されます。

　アルテヘレンのチームには30歳以上35歳未満の選手が3人いますが、残りの選手は35歳以上に制限されます。ゼニオーレンは選手全員が45歳以上でなければなりません。スーパーゼニオーレンにいたっては、すべての選手が60歳以上となります。現在20人が所属しており、最年長の選手は80歳になります。アルテヘレンとゼニオーレンは通常のシニアサッカーと同じ人数で試合時間も変わりません。スーパーゼニオーレンは7人制の35分ハーフで選手交代を自由に行うことのできる特別なルールがあります。

　すべてのカテゴリーの人数を合わせるとSCエゲンビュッテルの総会員数は660人となり、会費はクラブにとって大切な収入源となっています。その他には、クラブハウスでの売り上げ(例えば、トップチームの試合会場で販売したビールやソーセージの売り上げもここに含まれる)、地区や市といった行政からの補助金、寄付金からクラブの運営は成り立っています。あるいは、育成年代の選手がハンブルガーSVやFCザンクトパウリなどのブンデスリーガのクラブに引き抜かれることがあれば育成補助金も手にすることもできますが、よくある話ではありません。

　一方の支出ですが、クラブで活動している一部の指導者には報酬を支払っています。とはいえ、3ヶ月に1度くらいの頻度で金額はおよそ40ユーロなので、

ボランティアに近い形といえるでしょう。指導者にとっては、指導者ライセンスの取得費用をクラブ側が負担してくれることのほうがメリットとして大きいかもしれません。

　ちなみに、ハンブルク地区を拠点にするクラブの共通の特徴として、審判員を自己保有していることがあげられるでしょう。SCエゲンビュッテルも42人が審判員として活動しています。年齢層は幅広く成人はもちろんのこと、13歳の少年や女性の審判員も登録されています。審判員は地区のサッカー連盟から週末に担当する試合を割り当てられます。リーグによって異なりますが手当として報酬を得ることもあるので、ちょっとしたアルバイトにもなっているようです。

　SCエゲンビュッテルの会員の多くは、幼少期から地元を離れることなく同クラブに所属していることから地域と関係性は強固に保たれています。数年前から障がい者サッカーにも力を入れており、育成年代では、小学4年生から中学3年生を対象に週1回のトレーニングが提供されています。夏休みの期間中には、ハンブルクを拠点にするFCザンクトパウリの育成年代を担当する指導者がSCエゲンビュッテルの子供たちにサッカーキャンプを行っています。FCザンクトパウリは宮市亮選手（現横浜F・マリノス）が所属していたことのあるクラブです。

「ここのクラブに対して愛着を持っている人は本当に多く存在している。僕自身も他のクラブでプレーした時期はあったけど、最終的にこのクラブに戻ってきた。この前も他のクラブからオファーをもらったけど、小さい頃から一緒にボールを蹴っている仲間たちとサッカーをやりたいという気持ちが強かったから断ったよ」

　話をしてくれたのは同クラブに17年間在籍しているファフ・アンドレアス氏です。彼は現在シニアチームの監督をしながら自らもプレーしています。ファフ氏の話は続きます。

「我々のクラブで最も大事なことはサッカーを楽しむということ。そして多くの子供たちにプレーする機会を与えることだ。それができた上でチームそれぞれが高いリーグに所属できるように日々トレーニングをしているんだ。これからもその順序は決して変わってはいけない我々の理念だ」

　ファフ氏の言葉からは、多くのドイツ人が自分の育ったクラブや地域を大切にしていることが伝わってきました。たとえ今は故郷を離れている人も、いつかは地元に戻ってサッカーをするのを楽しみにしていることでしょう。そして、その思いに応えることのできる場所がドイツには整っているのでした。いつでも、どこでも、誰でもサッカーを楽しめる環境が人々を待っているのです。きっとドイツサッカーが強い理由のひとつが、そこにあるのかもしれません。

SCエゲンビュッテルのシニアチームで監督兼プレーヤーのファフ・アンドレアス氏。

子供が生き生きとする
地域クラブ主催キャンプ

　　ドイツの学校でも日本と同様に長期間の休みがあります。4月のイースター（復活祭）の時期には春休みがあり、夏休みはもちろんのこと、秋休み、そしてクリスマスから年末年始にかけての冬休みがあります。

　　夏休みであれば、ドイツの学校は6週間ほどあります。大人の夏休みも長く、日本であれば一週間弱のお盆休みだけですが、ドイツでは2、3週間ほど取ることができるのです。そんなドイツの家庭だからこそ、夏休みはゆったりとした計画をたてて、家族そろって太陽が輝く場所へと旅に出かけることが多いようです。「ドイツ人は向日葵のように、太陽へ向かって歩く」と言われるほどです。

　　各地域のサッカークラブは、長い休みの期間を利用して「サッカーキャンプ」などと銘打ったサッカー・トレーニング・プログラムを主催します。参加者は幼稚園の年長から中学生までの幅広い年齢層が集まります。もちろん性別は関係ありません。男子に限らず女子も参加するのは特別なことではないのです。トレーニングプランは多様に設定されていて、平日の月曜日から金曜日までの5日間を利用した毎日通えるコースもあれば2日や3日間のように短期に限ったコースもあります。朝の10時から練習をスタートして、午後の3時か4時までの5、6時間で切り上げます。ほとんどの場合は宿泊が伴わず自宅から通うことになります。気になる費用ですが、5日間で150から180ユーロという設定が多いようです。トレーニング代、間食や昼食代、キャンプ用のユニフォーム代などが含まれています。

　　サッカーキャンプは地域密着のアマチュアのクラブだけではなく、ブンデスリーガのプロクラブも開催しています。それ以外にも往年の名選手が運営するサッカースクールが主催するものもあります。

　　ドイツの人は地元愛が強いので、たいていの場合は普段所属しているクラブのサッカーキャンプに通いますが、プロサッカー選手を目指してい

る子供であれば、ブンデスリーガのクラブが主催するサッカーキャンプにも参加したいものです。なぜならスカウト陣が視察に訪れるからです。けれども、人気が高いため、事前に早めの予約をしないと参加することが難しいです。かつて香川真司選手が所属したボルシア・ドルトムントや、内田篤人氏が現役時代に所属したFCシャルケ04などは競争倍率が高く、予約開始と同時に申し込みが殺到します。

　このサッカーキャンプは、仕事で忙しいお父さんやお母さんが、仕事、家事、子育てといったワーク・ファミリー・バランスを実現するためにも大切な役割を果たしています。いくら休みが取りやすいドイツとはいえ、働くすべての人が夏に長期休暇を取れるわけではなく、秋や冬などに季節をずらして取得することも珍しくありません。そのような家庭の子供にとって、サッカーキャンプに通うことで、親の不在中に退屈することなく仲間と有意義な時間を過ごすことができます。親にとっても、子供をひとりで留守番させるという心配事から解放されるので、安心して仕事に打ち込むことができるというわけです。

　ある5日間のサッカーキャンプを例にすると、初日は朝9時を過ぎると受付が始まり、10時になるとサッカーキャンプが開幕します。年齢によって1グループ10から12人のグループに分かれて、パスやシュートのドリルに取り組んだり、ゲーム形式のトレーニングを実践したりします。日本の育成年代の指導現場で行われている練習メニューと大きな差はありません。サッカー大国と呼ばれるドイツであっても、特別な練習方法はないのです。

　午前のトレーニングは12時に終わり昼食の時間になります。ドイツの昼食は日本で例えると夕食にあたります。つまり1日の食事のメインになるわけです。かといって、栄養バランスが考えられた多くの種類が食卓に並ぶわけではありません。あくまでも料理に手間のかからない素朴なメニューが中心となります。一般的にドイツの人たちは、食へのこだわりが

あまりないようです。

　初日の月曜日はスパゲティ・ボロネーゼ、火曜日はドイツ料理のフリカデレという名のハンバーグ、水曜日はフライド・フィッシュ、木曜日はカリーブルスト＋ポメス（カレー風味のソースをかけたソーセージ）、最終日の金曜日にはピザが出たり、バーベキューが行われたりします。子供たちに最も人気なのは、カリーブルスト＋ポメスです。鉄板でこんがりと焼かれたソーセージにはカレーソースがかけられ、ポテトフライはマヨネーズをたっぷりつけて食べます。大人であればビールが飲みたくなること間違いなしです。ドイツに来たならば絶対に味わってほしいご当地グルメのひとつです。

　ピザも子供たちに人気のメニューです。一番人気はチーズとトマトソースだけのマルゲリータですが、主催側は数種類のピザを常に注文しておく必要があります。というのもドイツは多民族国家なので、イスラム教徒（ムスリム）の子も多くいます。イスラム教では豚肉を食することは禁忌とされていますから、ハムやサラミといった豚肉のトッピングのないピザは必須なのです。

　昼休みが終わると、午後のスタートはペナルティキック大会です。順番にペナルティキックを蹴っていき、ゴールを決めた子は2巡目にまわり、失敗した子は、そこで敗退となります。優勝者が決まるまで続くのですが、うまい子が数人残ると、いつまでたっても勝者が決まりません。そんなときは利き足でのキックを禁止したり、蹴る位置を後ろにしたり工夫をします。優勝者にはメダルが授与されるのですが、メダルを逃して涙をこぼす子もいるほど白熱します。そこで「その週のキャンプでの優勝は一度限り」のルールを設けて、1人でも多くの子供たちに優勝するチャンスが巡るようにします。成功体験によって自信をつけることを重要視するからです。

　ペナルティキック大会が盛況のうち終了すると、おやつの時間が待っ

ています。おやつの種類は日によって異なりますが、果物やケーキで小腹を満たします。ケーキはスポンジケーキが主流です。ぱさぱさしたケーキは夏の暑い日には喉を通りにくいものですが、みんな炭酸水で流し込むようにして食べます。これもドイツではお馴染みのスタイルといえるかもしれません

　おやつが終わると、1日を締めくくるトレーニングはゲーム形式を行います。グループ内でチームを分けて対戦します。キャンプに参加する子の中にも習熟度のレベル差がありますから「得点をした選手は、味方選手が全員得点をしてからでなければ、次にシュートを決めたとしてもノーゴールになる」というルールを設けてボールが回るようにします。ジュニア年代はどの子もヒーローになれるチャンスをつくってあげることが大切なので、シュートチャンスが特定の子に偏らないための仕掛けが必要なのです。こうして、サッカーキャンプの一日は終わっていきます。

　やがて最終日を迎えてトレーニングもすべて終えると、参加者全員で記念撮影をします。解散してからも、指導担当のコーチにサインをもらったり、ツーショットの記念写真をおねだりしたりしている子供の姿が多く見られました。どの子の表情も名残惜しそうなのですが、きっとサッカーキャンプに満足したからなのでしょう、笑顔が生き生きとしていたのが印象に残っています。(福岡)

3 | アマチュアクラブを知る日本人選手たちの声

■ 2部と3部でもそこまで大きな差はない

　昨今はブンデスリーガを目指す日本人選手も増えてきました。ここでは、実際にドイツへと渡った2人の男子選手と1人の女子選手に聞いた話を中心に進めていきます。

　渡辺夏彦選手はドイツのプロリーグとアマチュアリーグの両方を経験している稀有な選手です。2018年に3部のVfRアーレンと契約をすると、4部のFCメミンゲンを経て、2020シーズンから同じ4部のFVイレルティッセンに新天地を求めました。

　中学生のころから海外志向が強かった渡辺選手でしたが、学生時代はスペインでの活躍を夢見て語学の勉強をするなど準備を怠りませんでした。しかし、高校、大学と経過していくなかで、自分の実力を考えると、スペインでプロになれる可能性は現実的ではないと感じるようになりました。スペインで就労ビザを取得するにはリーガエスパニョーラ3部以上に所属するクラブと契約が必要だからです。そこで視野をドイツへと広げ、冷静に自己分析をした結果として、ドイツでの就労ビザを取得できる3部リーグに所属するクラブへの挑戦を決意しました。VfRアーレンの3日間にわたって行われた練習形式のトライアウトに参加すると、サッカーのプレーと英語によるコミュニケーションの両面が評価され合格を勝ち取ることができました。

　渡辺選手がドイツの地に再び立ったのは2018年1月のこと。しかし現実は甘くありませんでした。最初の1ヶ月は就労ビザが発給されておらず、リーグ戦はおろか練習試合すら出場できませんでした。さらに言葉の壁が追い打ちをかけます。チームの監督はドイツ語しか話すことができず、コミュニケーションに不自由した渡辺選手はトレーニングの質が低下し3月までは試合に絡むことができなかったといいます。

「初めのうちはドイツ語が一切できませんでしたから英語が中心の生活でした。独学でドイツ語にトライするようになって、半年から1年かけてドイツ語が

中心の生活に切り替えることができました。公立のドイツ語学校に通学したこともありますが、授業のスピードが遅くて効率の悪さを感じました。それに実際にドイツの友人と話をすると、方言や若者言葉があったり、省略する言葉もあったりするので、学校で学んだ内容とは異なってくるわけです。そういったこともあって、仲間とのコミュニケーションから言葉を学んでいきました。チームの練習中にチームメイトと会話したり、練習後に食事に行って、話を聞いたり、自分から話したりして修得しました」

　また、ドイツ特有の風土も渡辺選手を苦しめることになります。ドイツは秋から冬にかけて雨の日が多いのです。そのおかげで、10月から2月、あるいは3月までグラウンドのコンディションは良くありません。当たり前のようにぬかるみがあり、でこぼこのピッチではボールもスムーズに転がることはありません。そんな状況でもクオリティの高いプレーをしなければならないのです。

「冬場はスパイクが8個のポイントのものを履いても滑るので、守備のやり方や走り方に工夫が必要でした。重心のかけ方、スピードの緩め方で止まり方も変わってきます。特に重心の位置は重要だと感じました。元来、日本人は重心の低い民族だと思います。柔道も相撲も重心を低くして安定性を図るなかで行っていますよね。ところがヨーロッパでは、常に重心の高い中で移動しています。重心位置が日本人とは違うんです。ピッチコンディションが良好であれば重心の位置は関係なく、日本人の重心の低さがプラスに作用することもありましたが、ドイツの冬場では通用しないのです。守備のときは力が入ってしまい、重心を落としてアプローチをすると滑ってしまうのです。試行錯誤して、できるだけ重心を落とさず、力むことなくプレーをすれば滑らないことがわかってきました」

　再渡独から約3ヶ月が過ぎ、ようやく環境にも慣れてくるのですが、試合では出場機会を与えられずシーズンは終了します。2019年のシーズンが始まっても、渡辺選手を取り巻く状況は変わりません。そこで4部のFCメミンゲンへの移籍を決めるのです。これまでより格下のリーグということもあり、報酬は5分の1に減り、サッカーのサラリーだけでは満足に生活ができません。工場でフルタイムの労働に就きながらサッカーを続けることを余儀なくされました。

　一方でプレーのパフォーマンスは向上していきます。移籍後の8試合は途中

ドイツに渡り初めは環境の変化に苦しんだと言う渡辺夏彦選手（右）。

出場して、その後の試合で先発出場を勝ち取ったところでシーズンは終了。翌
2020年のシーズンが開幕すると主力として年間を通じて出場することが叶いま
した。懸念された監督やチームメイトとのコミュニケーションも改善されて信頼
関係を築くことができました。

「主張しない選手は評価されません。チーム内には、それぞれの立場があり
ますが、選手と監督は対等な関係です。選手は監督に強い発言をすることも
あります。最終的な判断はチームのリーダーである監督が決めますが、選手
が自分の意見を伝えることのできる空気感があります。むしろ意見をしない選
手は主張がないと判断されます。特にチームが悪い状況にあれば、自己主張
がない選手がはけ口になります。僕もドイツで最初の1、2年はたくさん攻撃を
受けてしんどい思いをしました。でも、今となっては納得できるところがありま
すね」

　しかし、これからというときでした。全世界で新型コロナウイルスが猛威を
振るったのです。チーム活動は自粛となり、3月から7月まではサッカーをする
ことができませんでした。そんな苦しい時期ではありましたが、渡辺選手はあ
る決断をします。それはFVイレルティッセンへの移籍でした。渡独して最初の
1年は住居の手配も代理人任せでしたが、この移籍では住居も自分で見つけ

なければなりませんでした。

「すぐに家が見つからず、1ヶ月間のホームスティを経験しました。そのあいだに、ホームスティ先のママが良い条件の家を見つけてくれたのですが、大家のおばあちゃんには、僕の話している言葉が通じませんでした。不安に思って賃貸契約を躊躇していたのですが、その街のサッカー関係者の知人が『彼は良い青年だよ』とサポートしてくれました。おかげで契約にこぎつけることができたんです。南ドイツの人たちの多くは、最初は他人を信用しないで壁をつくります。よそ者として扱うのですが、一旦信頼できるとわかると、一気に内側に入れてくれます。優しいし、親切だし、困っていることがあれば助けてくれます。思いやりをもって接してくれる良い人たちです。大家のおばあちゃんには、コロナで活動できない期間にも、いろいろと面倒を見てもらいましたよ」

　移籍先は同じ4部のチームではありますが、サッカーのプレーの質や資金面では、ひとつ上のレベルにあるクラブでした。前シーズンと同様に働きながらサッカーをする生活に変わりはありませんでした。けれども決意も新たに、遅れて始まったシーズンでは、チームの主力選手の1人として頭角を現しました。翌年のシーズンも引き続きFVイレルティッセンのユニフォームに袖を通しています。その契約更改では、プロサッカー選手として生活できるだけの条件を勝ち取ったのです。

「ドイツリーグの3部は20チームですが、4部になると5つの地域合わせて100チーム近くあります。その中の約20%のクラブは3部に上がれるだけの資金的な余裕があります。サッカーを中心としたスポーツクラブは地域の人が集まる場なので社交の場でもあります。その町の中心なので自然とお金も集まり、ビジネスのハブにもなっています。一方でサッカーの質や実力も3部と大差のないレベルです。もちろん4部の中にも強いチームと弱いチームが存在しますが、4部の上位チームであれば3部とのレベルの差はありません。選手個人として見ると、4部から3部のチームに昇格するには大きな壁があると感じます。でも、練習試合で2部のチームと戦ったとき、サッカーの質を見せつけられるということはなく、すごく大きな違いがあるとは思いませんでした。今の自分のクオリティを発揮することができて、運が伴えば、2部までなら通用する自信があります」

渡辺選手は東京出身の都会育ちですが、今は南ドイツの田舎町に移り住んでいます。ドイツ人の人柄や日本との文化の違いにも触れながら、日々、サッカーを中心とした生活を送っています。

　「この話はドイツと日本の比較になるかわかりませんが、僕がドイツの仲間に『僕の日本の友達は大学を卒業したら、就職してたくさん働いている。みんな忙しく働いているよ』と話をすると『どうして、そんなに働くんだい?』と、みんな不思議がります。なぜ日本人はお金を稼ぐことを重要視しているのかと彼らは首をかしげるのです。僕の周りにいるドイツ人は仕事よりも自分や家族との時間を大切にします。ゆとりをもっているけれど豊かに暮らしていると感じます。彼らは、そうした環境で育ったからこそ『日本人は、そんなにお金を貯めてどうするのか?』と興味をもって聞いてくるのでしょうね」

■ 下部リーグでも「勝利への執念」を感じる

　横澤航平選手は、群馬県の名門・前橋育英高校の出身です。全国高等学校サッカー選手権大会では2年生のときにスーパーサブとして出場し準優勝に輝いています。3年生になると背番号10を背負いベスト8まで進出しました。そんな輝かしい実績を引っ提げて、憧れだった欧州サッカーに挑戦すべく、高校卒業と同時に単身ドイツへと旅立ったのです。

　ドイツでは知り合いの伝手を頼りに、いくつかのクラブチームの練習に参加すると、なかでもドイツ6部リーグのESCレリングハウゼンの監督から高い評価を受け契約に至りました。トレーニングをしながら語学学校でドイツ語を学ぶ毎日の生活がスタートしました。練習前には地元のプロクラブで育成部のコーチをするなど精力的に現地のサッカーを体感していると、ドイツの人々の日常にサッカーが溶け込んでいると気づくのに時間はかかりませんでした。

　「ドイツ国内はサッカーグラウンドの数が多いのです。僕が住んでいたエッセンという街には63個ものサッカーグラウンドがありました。どんなクラブでもホームグラウンドを持っているので、『ホーム&アウェー』の試合形式が必ず成立します。日本だとグラウンドを所有しているクラブは多くありません。毎回の練習場所が違ってしまうこともあります。僕も日本では、ホームゲームなのに活動しているエリアでグラウンドが確保できないときがありました。仕方なく近隣の他

県まで行って試合を開催したのですが、そうなるとホームチームの利点が薄まってしまいます。こういうドイツのグラウンド事情は羨ましいですね。それに社会人リーグや10部リーグのクラブの試合であっても、たくさんの人が観戦にきます。強いとか弱いとかいう競技のレベルは関係なく、みんながいつでも気軽にサッカーを楽しみたいわけです。だから、いつも試合会場が賑やかだったのが印象的でした」

　ほぼすべてのグラウンドが人工芝で、その横にクラブハウスがあったといいます。ロッカールームで着替えやミーティングをして、練習後にはシャワーを浴びて帰ることができます。お腹が空けばクラブハウスのカフェで軽食をとることもできるのです。ホームゲームに勝てば、試合後にソーセージをつまみにビールで祝杯を挙げます。そんなサッカーの楽しみ方ができる環境がドイツでは整っていました。

「あと日本でサッカーをしている社会人であれば、仕事とサッカーの両立に頭を悩ませることも少なくないと思います。例えば、5部のリーグに所属するクラブに在籍しているけれど、仕事の関係で練習時間に間に合わないことが頻繁にあるとします。条件に合うクラブを探してみたところで、クラブ数が少ないので希望にかなった移籍ができません。サッカーを続けたいのならばクラブではなく仕事を変えることを余儀なくされてしまうわけです。ところがドイツであれば、練習の開始時間はどのクラブもほぼ同じです。みんな仕事を終えてから18時にグラウンドに集合していました。なぜなら、ドイツの人たちは残業をしないんですね。だから、仕事のあとにサッカーができるんです」

　6部リーグでも、お小遣い程度ですが報酬を受けることがあるそうです。「好きなサッカーでお金がもらえるのは嬉しいことですよね」と横澤選手は話します。ただ、実際にプレーの面では、ドイツサッカーの激しさを垣間見ることになります。どの選手も体が大きく、その体を激しくぶつけ合い戦う姿に「ドイツっぽさ」を感じたのです。

「日本では、僕くらいの体型（168cm）の選手がたくさんいますが、ドイツでは180cm超えの人たちがたくさんいます。ただ身長が高いというだけではなく横にも大きい印象です。僕がドリブルをしていると、相手のディフェンダーが体をぶつけてくるのですが、その選手の太ももが僕の肩くらいのところに当たっ

てきます。おそらく相手の選手はやりにくかっただろうと思います。監督からは、
『常にペナルティボックスへ入れ！ ぶつかられたら倒れろ！』と頻繁に言われま
した（笑）」

　小柄な横澤選手からしたら、ほとんどの選手が大男に見えたに違いありま
せん。それでも横澤選手はリーグ戦に出場すると、華麗なドリブルを武器に大
男たちの間を何度も突破しては、毎試合得点を重ねてチームの勝利に貢献し
ました。

高校時代は群馬県の名門・前橋育英高校でプレーした横澤航平選手（右か
ら３人目）は、高校卒業と同時にドイツへ渡った。

「体が小さい日本人であれば、ポストプレーなどフィジカルが重視されるポジ
ションやプレースタイルは厳しいかもしれませんが、繊細なボールタッチなどの
技術力や柔らかい身のこなしが求められるポジションであれば活躍できると感
じました。攻撃的なポジションであれば、僕はサイドハーフをやっていたので
すが、中盤の真ん中などは日本人に適していると思います。ボランチなら、狭
いスペースでの勝負になれば、相手の懐に入っていけるプレーが攻守にわたっ
てできるのではないでしょうか」

　横澤選手は６部リーグで活躍したあと、シーズンの途中で当時５部リーグに
所属していたETBシュヴァルツ・ヴァイス・エッセンに移籍しました。1959年

にはドイツ杯で優勝し、OBにはドイツ代表のチームでマネージャーを務めたオリバー・ビアホフ氏や2006年ドイツワールドカップで正GKだったイエンス・レーマン氏などがいるドイツ屈指の伝統あるクラブです。

「6部リーグでは、相手にも味方にも動けない選手がいました。しかし5部になると、どの選手も当然のように動けます。要求も厳しくなり正確なプレーを求められるようになりました。6部のときはスタメンで出場して毎試合のようにゴールを決めていましたが、スタメンで出られないときもありました。監督からは『アグレッシブさが足りない。もっとガツガツいけ!』と頻繁に言われたのが記憶に残っています。言われるたびにアグレッシブさを意識したプレーを心がけたのですが、監督からすると、まだまだ足りなかったのでしょう。最後まで言われ続けましたね」

　ドイツの5部リーグで34試合に出場し8得点8アシストの数字を残した横澤選手ですが、日本とドイツとのサッカーで感じた違いは体格差だけではありません。一番痛感したのは「勝つことへのこだわり」なのだと言います。ドイツの地でサッカーを経験したことで〝良いサッカー〟の基準が日本とドイツで違っていると肌で感じたのです。

「ドイツは、よりサッカーという競技の本質を捉えていると感じました。『どうしたら勝つことができるのか?』と常に勝つことを意識しながらプレーをしていますし、『どうしたらゴールを奪えるのか?』と常に得点を狙うことを考えながらプレーをしているのです。その部分がブレていない。攻撃の選手であれば、まずはシュートを打つことが優先されますし、周りからも求められます。『何点取ったのか?』それが基準になっているのだと僕は思いました。翻って日本では、必ずしも勝利にこだわっていないと感じるのです。『勝つ』という部分がぼやけてしまっている。崩すことばかりにフォーカスされている気がするのです。相手を崩すプレーができれば得点につながらなくても評価される風潮があります。でもドイツでは、崩すことができなくてもいいんです。一番の正解は『ゴールをすること』なのですから。だからプレーにも無駄がないんですね」

　横澤選手は約2年半をドイツで過ごすと、帰国後は現役のサッカー選手を続けながら、育成年代の指導にもあたっています。ドイツでも現地の子供たちにサッカーを指導してきた経験から、日本の子供たちと日々触れ合うなかで気

になったのが「日本の子供たちに元気がない」ということでした。

「日本の子供は、遠慮しているのか、みんな大人しいですよね。ところがドイツの子供は、自分の意見をはっきりと口にします。これはサッカーだけに限ったことではないのですが、大人の意見を子供に押しつけることがないんです。子供が大人に対して、しっかりと自己主張をする。それを大人が受け入れる。子供扱いをせずに、1人の人間として認めている。それが当たり前の社会なのです。もし、クラブが合わなければ自由に移籍することもできる。自分に合う環境でサッカーを楽しめばいいんです。ちっともネガティブなことではないんですよね。だから、サッカーの練習にしても、子供たちに『大人にやらされている感』はありません。ドイツのサッカーグラウンドでは子供たちの笑顔があふれて楽しそうにボールを追いかけている姿を見ることができます」

　日本の育成の現場ではどうでしょうか。小学生であっても、高校生であっても、指導者に子供が意見をする機会はあるでしょうか。大人が耳を傾けないだけではなく、子供自身も「どうせ聞いてもらえないから……」と意見するのが無駄だと感じてしまっているかもしれません。大人と子供が対等な関係性を築くことができているクラブは多くないかもしれません。そこには、学校教育の〝体育〟の延長にある日本の育成年代のサッカーと、純粋にサッカーを〝楽しむ〟ことに主眼を置いたドイツサッカーとの大きな違いが見えているのかもしれません。

■ ドイツ女子サッカーの環境と違い

　愛知県刈谷市生まれの加藤みづほ選手は、大学卒業後にドイツに渡り 1.FC ケルン、VfL ボーフム 1848 に所属した後、2022年のシーズンからボルシア・メンヘングラッドバッハでプレーしています。

　国際サッカー連盟（FIFA）が 2023年3月に発表した女子代表チームのランキングでドイツはアメリカに次ぐ世界2位となっています。また FIFA 女子ワールドカップでは2度の優勝（2003年と2007年）、オリンピックでも 2016年に頂点に輝くなど強豪国として知られています。

　小学校の低学年の頃はバスケットボールに熱中していた加藤選手がサッカーを始めたのは小学4年生のときでした。両親がサッカーをやっていたことが

2022 年のシーズンからボルシア・メンヘングラッドバッハでプレーする加藤みづほ選手。

きっかけとなり、週末は女子チームで活動をし、平日は男子と一緒になってナイターで練習をしました。中学、高校、大学へと進んでもサッカーを続けた加藤選手でしたが、次第に日本でプレーを続けるよりも海外でプレーしたいとの気持ちが大きくなり、知り合いの紹介を通じて2015年にドイツへと渡ります。ドイツでは 1.FC ケルンに入団し2部昇格に貢献するなど3シーズンを戦うと、イタリアに戦いの場を移し2年間のプレーをしたのち、再びドイツに戻ってきました。長年にわたって欧州の女子リーグを体験してきた加藤選手だけに、ドイツ女子サッカーの強さをリアルに受けてきました。

「フィジカルが強くてスピードが速いサッカーをドイツはします。特に守備の面です。ドイツの場合は、強くボールにアタックしにいけないと試合には出ることができません。1対1の局面だったり球際だったり、ディフェンスの仕方が圧倒的に違います。日本では、まずディレイして相手の攻撃を遅らせるとか、相手の様子を見て間合いを詰めるように教えられました。しかし、ドイツでは違います。〝狩り〟にいくようなイメージで相手に挑まなければ評価されません。そのことは、私がドイツに行った当初から、かなりきつく言われてきました。また、ファウルに対しても日本と考え方が異なります。日本では1試合を通じてイエロー

カードが1枚出るかどうかというくらい静かに試合が進みます。きれいというか大人しいんですね。でもドイツでは、ファウルをしてでも止めに行くことが決して悪いことではないんです。局面にもよりますが、ファウルをして『よくやった』と褒められることや評価されることがありました」

　さらに日本とドイツでプレーをしたなかで最も大きな違いとして感じたのは「精神面」にあると加藤選手は言います。

「ドイツでプレーをする選手は強いメンタリティを持っています。気迫が全く違います。自信を持っているんです。全然うまくない選手でもピッチに立つとメチャメチャ自信持っていて、ビビることなくプレーをしているんです。日本人の多くは感情を表に出すことが苦手で、気持ちを抑えてしまうからプレーにも波が出てしまいます。でも、こっちの選手は強い気持ちでプレーをする部分が本当に多い。実際、それでプレー自体が変わってくるものですから『サッカーはメンタルだな』っていつも思い知らされますね」

　そんなドイツの女子サッカーについて、すでにドイツ滞在歴も長くなった加藤選手は、選手の育成事情が日本よりも進んでいると感じています。その理由として着目したのは女子の競技人口が多い点です。ドイツサッカー連盟に登録している女子サッカー選手は約110万人で日本の場合は約28,000人、実に約40倍の違いがあります。

「サッカーグラウンドが多いですから、オフのときに遊び感覚で公園に出かけても、人工芝のグラウンドでボールを蹴ることができます。ドイツは圧倒的にサッカーをする女子人数が多いと思います。クラブ数の多さも日本を圧倒しています。ブンデスリーガのチームも育成年代のU-7やU-10の女子チームが揃っていますが、小さい年齢のうちは男子チームに混ざることも可能なので、あえてそっちを選ぶという女子もいます。本格的に取り組みたければブンデスリーガのトライアウトを受けてもいいですし、遊び感覚でサッカーを楽しみたければ町クラブでプレーをしてもいいわけです。かなり選択肢があると思います」

　選択肢の広さといえば、最後に加藤選手は、シニアリーグでプレーしている女子選手たちのサッカーに対する向き合い方について、こんなことを話しています。

「ドイツの女子選手たちはサッカーで生活ができないことがわかっています。

ドイツでサッカー選手として生きていけるのは1部のトップの選手たちだけだという概念を持っていますので、みずからそこを望んでいないこともあります。だから自分の職業をしっかり持っています。例えば3部のチームだと練習に来ないで試合にだけ来る選手もいてアマチュア感が出ていますし、2部になると戦術的にもしっかりした良い監督やコーチが在籍しています。金銭面でもこれまで1部・2部を経験している選手は給料が支払われるのですが、彼女たちにしても別の仕事を持っています。私のチームメイトには、警察官・医師・教員などがいますね。職業柄、夜に仕事をしなければならない選手は職場で調整してもらったり、夜勤明けでも練習に来ていたりします。みんな自立しているんです。サッカーだけが、すべてではないことを彼女たちは知っています。サッカーは楽しみのひとつでもあるし、本気で取り組めるものという感じなのでしょうね」

　このようにドイツサッカーでは、女子も男子も求められていることに変わりはありません。そして、日本人選手が長くドイツで活躍するためには、技術・戦術・体力というサッカーに関係する部分が欠かせないのはもちろんですが、いかにその国の習慣や方法に対応できる能力を持っていることがカギとなっているのです。ここで聞いた、渡辺選手、横澤選手、そして加藤選手の話は、今後、ドイツでプレーしたいと思う選手の参考になるのではないでしょうか。

　次のページからは、ブンデスリーガの大舞台で戦った（戦う）経験のある武藤嘉紀選手と室屋成選手のスペシャルインタビューをお届けします。

武藤 嘉紀

爆発的なスピード、高い技術とフィジカルの強さを兼ね備えた日本屈指のストライカー。2013年にFC東京でJリーグデビュー。2015年から3シーズン、1.FSVマインツでプレー。マインツでは公式戦72試合に出場し23ゴール11アシストを記録。その後、イングランド、スペインに渡り、2021年からヴィッセル神戸に所属。

——海外でのプレーを意識し始めたのはいつからですか? また、ドイツへの移籍の経緯など、どうしてマインツを選んだのですか?

　僕の場合、他のみんなと違って遅くて、大学卒業する前の4年時にFC東京へ正式に入って、1年かからずに日本代表にも選ばれました。当時、代表のレギュラーメンバーは海外でプレーしている選手が多く、海外で活躍することによって、さらに成長できるというのを目の当たりにしました。「日本代表に入ったら海外に行かなければいけないんだ」という思いにも駆られましたし、周りからも「みんな海外でやっている選手だから、そこに行け」とすごく言われました。だから、そもそも海外でのプレーは早くからは考えていなかったです。

　（マインツを選んだ理由は）正直な話をしますと、プレミアリーグのチェルシー、オーストリアリーグのザルツブルク、ドイツのマインツ、レバークーゼンからのオファーがあって、金額面でいったら、もちろんチェルシーが高かったんですけど、そのとき自分を最も重要視してくれて、一番熱く誘ってくれたのがマインツでした。GMがわざわざ日本に足を運んでくださって、話をする機会を設けてくれて、それは本当に心を動かされましたし、かつ岡崎（慎司）選手がその前に活躍していたこともあって、日本人慣れをしていたこともあったので、それが一番の理由だったと思います。

——チームに合流してすぐ打ち解けましたか?

　それは難しかったですね。打ち解けたというよりも、すぐに試合があって、

試合で結果を出したことが大きかったですね。ずるずるいったりすると話は変わってくるんです。「こいつ言葉もしゃべれないし、サッカーも微妙だな」と思われたら、その時点で終わりなので、やっぱり早めに結果を出して、サッカーができる日本人だというのを見せられたというのは大きかったです。2試合目で得点して、前期で7ゴール5アシストだったんで、だいぶうまく行き過ぎました。ただその後、膝の大怪我をしてしまいましたけど。

――ブンデスリーガ1年目の感触はいかがでしたか?

　話したようにそのシーズンの入りが良すぎて、1試合目は途中出場で、場の空気に慣れて、2試合目で初スタメンだったんですけど、そのスタメンの試合で2点取ったんです。1点じゃなかったということがとてつもなく大きかった。ブンデスリーガで初めてのスタメンで2得点したというのは、ドイツ国内も沸きましたし、そこで一気にチームメイトの自分を見る目が変わったというのを覚えています。コミュニケーションも取れるようになったし、パスも出してくれるようになりました。

――次のシーズンはいかがでしたか?

　2シーズン目もそうですが、毎シーズン膝の怪我を1回ずつしたんですよ。コンスタントに試合に出場していたら、もっと点数を取れたと思います。本当にもったいなかったというか。しょうがないことでもあるんですけど、少しリズムが崩れたというのは否めなかったです。

――その膝の怪我の原因は、相手選手の激しいディフェンスやタックルによるものだったのですか?

　というよりも、どちらかというと自業自得の部分がありますね。それこそ疲労がたまっていて体のムーブメントがうまくいっていなかった。ドイツで屈強な選手たちと戦うことになって、体を強くしなくてはいけないというので頭がいっぱいだったんで、とにかくウエイトトレーニングをしまくったんですよね。つけるほうばっかり考えてしまって、気づいたときには手遅れでした。後々思い返すと、体の動きの部分、しなやかさが失われていて、むしろその怪我でよくおさまっ

写真：アフロ

2015年にマインツ移籍後、初練習の様子。

たなと思います。30歳までやってきてよくわかりますが、ウエイトトレーニングばっかりでは良くなく、マッサージのケアや、特にモビリティが重要ですよね。股関節の動きであったり、上半身の柔らかさだったり、肩甲骨回りや胸回りの上半身がだいたい固まって動かなくなると、膝とか足首に負担が来るんです。サッカーって全方向から相手が来るから、いかに上半身の力を抜くか、力を入れるときと抜けるときが大事なのですが、動きがしっかりとれないと上が硬いから下を動かしてしまうのです。股関節回りが硬いと、膝とかの関節系に負担がかかってきて怪我してしまう。「体の大きい選手と戦わなくてはいけない」と考えた結果、だからトレーニングをして自分も体を強くする、と。むしろラグビー選手みたいでしたよね。とにかく気づけていなかった。若かったんで、ウエイトトレーニングばっかりしちゃっていたというのが、一番の問題点だったなというふうに思います。

——3 シーズン目はどうでしたか?

うまくいった覚えはないです。それこそ体が痛い中で戦っていましたし、ドイツの3年間は結果だけ見たらうまくいったほうになるかもしれませんが、自分としては、もっと自分の体のことをわかっていたら、さらに良い結果が生まれただろうなと思います。そんな中でニューカッスル・ユナイテッドからオファーをもらったんです。マインツで3年間プレーしたから、もうひとつ上のレベルに行ってみようといったマインドではありましたが、体の準備は正直できていなかったんだなあと感じます。

ブンデスリーガとプレミアリーグでどれだけの違いがあるかというのは正直わかっていませんでした。もちろんドイツでの3年間は自信にもなりましたけど、逆に不安もありました。3シーズン連続で大きな怪我をしていて、持病の腰痛もずっと取れず、自分の体を把握しきれないまま3シーズンを過ごしました。それでも3年間の経験に確固たる自信があって、プレミアリーグに挑んだというよりは、3年間マインツにいて、ブンデスリーガのこともわかったし、チームにいる居心地の良さも感じてしまっていたんで、環境を変えたい、刺激を求めたという感じでプレミアリーグへの移籍を決めました。

——ブンデスリーガでは、チームやマスコミ、サポーターなどそれぞれ評価のされ方は変わってくると思いますが、その点についてはいかがでしょうか?

　チームからの評価は、前線からの守備かつゲーゲンプレスを体現できる選手であるかどうか。マインツは小さな街でクラブの規模も大きくありませんので、どれだけ自分を犠牲にできるか、かつその中で点を取れるかというところが評価されました。

　正直な話、マスコミは手のひら返しではないですが、その日、その週、その次の週で言っていることが180度変わることはありますし、良いときは持ち上げてくれますけど、悪いときはハチャメチャなことを言います。だからマスコミのことは気にしなかったですね。マスコミの話を聞いてしまうと、サッカー選手はやっていけないと思います。

　サポーターの声援は、ドイツのサッカーへの熱さを強く感じられました。そこを感じられたというのは、サッカー選手として幸せだったなと思います。街をあげてのサッカー選手へのリスペクトが日本とは全く違う。歩いているだけで、応援してくれる。サービスしてくれたり、試合で点を取った後はお代全部タダにしてくれて。お肉屋さんに奥さんが買い物に行っても、「昨日ご主人すごかったね、このお肉食べてよ」とサービスしてくれたりすることはしょっちゅうありました。国民性というか、サッカーを常に楽しみにしているというか、サッカー選手へのリスペクトが本当に高かったなと思いました。

——ドイツ人の気質とサッカーについてどう考えていますか?

　ドイツ人は本当にまじめで、だからこそ本当にチームとして強いし、ブンデスリーガはインテンシティが高いなと思いますし、誰もサボりません。(チームを)乱したりする行為を本当に嫌うので、チームとしてひとつになっているし、無慈悲というか、1点取っても満足しない、ブラジルW杯のドイツ対ブラジルが7-1じゃないですけど、手を止めない、取れるだけ取る。そのメンタリティは、日本人が学ばなければいけない部分だと思います。日本人のまじめなところと共通する部分はあるんですけど、そこにプラス、ファイティングスピリットがドイツ人にあり、日本人との圧倒的な差がありますね。

——ドイツサッカーの特徴（縦に速く、前から激しいプレス）についてはどう感じましたか？

　プレミアリーグとブンデスリーガは似ていますよね。前に速くて、攻守においての強度が高い。スペインになると落ち着く部分があって、テクニックや遊びがあるというか、組織的に丁寧にサッカーをするというか。遅攻じゃないですけど、あまり速攻、速攻していないというのが印象にあります。だから僕の考えだと、ドイツで戦える選手はどこの国に行っても戦えると思いますね。もちろんそのときに会った監督とうまく合わなかったりしたらわからないですけど、ドイツで戦える選手は間違いなく世界で戦える強度を持っていることになると思います。

——当時、マインツで監督とはうまく付き合えていたのですか？

　3年間で2人の監督と仕事をしました。監督との関係は、僕は非常に良好でしたね。ドイツ語を学ぼうという意識が僕は強かったので、監督にもわからないなりに勉強している姿や、徐々に良くなっているということを語学的にも見せられたので、それはすごくリスペクトされました。

　スペイン系の選手たちはドイツ語を勉強しようとせずに、何年いても覚えないから、一度残留争いをしているときに、その選手たちは監督から信頼を得られていなかったですね。スペイン系の選手はどのチームにも3、4人いますが、そこでコミュニティを作ってしまってドイツ語を覚えようとしないんですよね。チーム状況が悪いとき、そういう選手のせいにされることもありました。

——サッカー観で監督との考え方が違ったときに、監督室を訪れて話したりしたことはありましたか？

　海外の選手はすぐに監督室を訪ねていき、自分の意見を言います。それで全く出られなくなった選手もたくさん見てきましたし、逆に僕の友達の日本人選手がそれをやったことによって良くなったから、一概にコミュニケーションを取る、取らない、どっちがいいかわからないですけど。僕ら日本人は、監督と意見を交換してコミュニケーションを取るのが下手だとは思います。結局、上にいく選手は自分の意見を監督にもしっかりと伝えて、監督が求めることの真逆は絶対しないと思いますけど、自分の意見をしっかりと伝えるということはして

いるなという印象は受けますね。僕の場合は、怪我以外でスタメンを外された
り、干されるといったことはなかったし、監督の指示をそのまま体現していたの
で、口論になったり、自分の意見を聞いてほしいという場面はあまりなかった
ですね。

**——確かに海外の選手は自己主張が強いですよね。プレー中で言い合いに
なったことはありますか?**

　最初のころ、日本人というのは語学力も乏しく、言葉もわからないから笑っ
て済ませたりするんですよね。どうしていいかわからないから僕自身も、笑って
「OKOK」とか「ごめんごめん」みたいな。そうするとなめられてしまうんですよ。
僕のことで言ったら、あるとき、差別用語をずっと言われ続けて、練習中とか、
ずっと言われていて、それでも最初は笑って過ごしていたんですよ、いつかな
くなるなと思って。それがだんだんエスカレートしてきて、練習試合でも差別用
語とか言い始めたので、それこそ、わざと一回ブチぎれて、取っ組み合いを
して、「こいつ怒らせたらダメなんだ」「こいつ怒るときには怒るんだ」と見せ
るのも大事だと思います。大概の日本人選手はこういった経験をしているんじゃ
ないでしょうか。

——仲の良い選手はいましたか?　チームメイトと食事に行ったりしましたか?

　それができるようになったのが、2年目の後半ぐらいですかね。ドイツ語もわ
かってきて、どうやったら仲良くなれるのかが、だいたいわかってきて。一緒
に外に出ることが大事ですよね。言葉がわからなくても、一緒にご飯食べに行っ
たり。もちろん言葉わからないのにその席にいなくてはならないので、ものすご
く辛いんですよ。みんなニコニコ話しているけど、自分はうまく入れない。でも、
そこにいることによってだんだん距離が縮まってくるので。一緒にプライベート
な時間を過ごすというのが、一番語学的にも成長しますし、かつチームメイト
との距離を近づけるにはもってこいなのかなと思います。

——実際にドイツの生活面はどうでしたか?

　それこそ初めての経験だったんですけど、周りに日本人の支えてくださる

方々、助けてくれる方々がいらっしゃったんで、それが本当に大きかったですよね。また、ヨーロッパ、ドイツの人たちは本当に子供にやさしいですよね。日本よりも断然。バギーを押していると絶対ドアを開けてくれたり、重い荷物を持っていても助けてくれようとしたりとか、レストランで子供が泣いていても、「子供は泣くのが仕事だから」とみんなが笑って見てくれる。その（日本との）違いには驚きましたね。奥さんは本当に楽しんでいましたね。また戻るとしたらそれこそドイツに戻りたいと言っているくらいなんで。

——マインツの街はどうでしたか？

　大きくはないんですけど、なんというのかなー、派手でもないですし、けど、本当に街並みもきれいで、かつマインツサポーターは温かくて熱狂的なので、僕は本当にこのチームを選んでよかったなあと思っていて、今でも全く最高の選択肢だったと自分でも思っていますし、本当に住みやすく、生活しやすかったなと思います。

——ドイツ生活の中で戸惑ったことや嫌な思いをしたことはありますか？　またドイツの生活習慣や文化で好きなところはありますか？

　冷房がないのがきつかったですね。暑くて。窓開けても虫が入ってくるし。それが結構厳しかったです。それから言葉の部分ですね。僕はドイツ語を学び、ピッチ内外でドイツ語を使いました。ドイツ語は難しいのに、こちらがトライしても笑うんですよね。お前できないのかよみたいな。それこそ、RとLの発音とかが違ったりすると、みんなでゲラゲラ笑って、「お前は何言ってるんだ」みたいな。選手たちの言語に対する評価が厳しい。スペイン語だったら、スペイン人は少しでもトライしたら、「わあーヨシお前すごい、そんなこと知っているのか」みたいな、どんどん教えてくれたり、コミュニケーションを取ってくれるんですけど、ドイツ人に関しては、「お前何言ってるの？　それ何？　その発音もう一回言ってみろ」みたいなのがありましたね。語学に対する厳しさというのは、みんな感じていると思います。

　好きなところは、家族の時間を大事にするところ。ドイツが日本と違うところは、一人ひとりが家族を大事にしている。僕ら日本人でいったら、父親、母

親を好きだとアピールすると、マザコンやらファザコンやらといじられる文化がありますけど、子供たちが親を愛している、親が子供たちを愛しているという、あの熱い家族の一致団結感はドイツの良さだなと感じましたね。

——気候の話も出ましたが、ドイツの冬は寒いですよね。サッカーにも影響しましたか?

冬の寒さには慣れなかったですね。3年いましたけど本当に寒かったですし、きつかった。サッカーにも影響しましたね。ドイツの芝は柔らかくて緩いんですよ。最初、それに適応するのにすごく難しかったなという覚えがあります。もともとスパイクは取り換え（式）ではなく固定（式）でプレーしていて、本当につるつるすべったり、力が入らなかったり、大変でした。だから、ブンデスでやっている選手は絶対取り換えを履いていると思うんですよ。冬場は芝生がさらに悪くなるので、あまり（ボールを）つなぐこともしなくなったり、ピッチを見て戦術を変えたりしますよ。芝生が悪ければ、前に蹴って、それこそ走って、前からプレスにいって奪ったり、ゴールに近いところで奪ってゴールを目指したり、とか。つなぐ意識よりも、いかに相手ゴールの近くに持っていけるかという、そういう戦い方もあったなと思い出しました。ブンデス1部の良い芝生でも雪が降ったり、激しい雨で下に水がたまったりすると、最初の10分ぐらいプレーして「無理だ」と思うときもあるんですよ。それこそフィジカル勝負、肉弾戦ですよね。

——練習環境やレベル、サッカーについての考え方など様々な観点から日本とドイツとの違いについて教えてください。

まずサポーターは全然違いますよね。人数も違いますし、規模も違いますし、より熱狂的というか生活の一部に組み込まれている。勝ったときは街中が賑わうし、負けたら静まるし、如実に出ますよね。チームの雰囲気と街の雰囲気が比例していくというか。また、ホームとアウェーのスタジアムの雰囲気も全然違います。アウェーサポーターの置かれる場所は隅の隅に追いやられますし、だからアウェーの難しさというのを感じます。日本だとそれを感じられるのは、浦和レッズとかマリノスとかぐらいですね。ドイツに関しては、アウェーはすべて

写真：アフロ

2017-18、3年目のシーズンでは年間10ゴールを達成。

異様な雰囲気に作り変えられます。自分たちにとってマイナスの雰囲気ばかり
で、特にブーイング。相手（ホームチーム）がチャンスを作ったときにとんでも
ない声援だったり拍手だったり、相手チームはそれで乗りますもんね。ワンプ
レー、ワンプレーに対して、良いプレーをしたらすごい声援がきたり拍手が起
きたり……と。僕らの場合、ボールを持ったらすぐにブーイングが起きて、声
がかき消されます。ドルトムントのスタジアム（シグナル・イドゥナ・パルク）
なんて、ほぼ声聞こえませんでした。でも、ホームのときは、逆にすごいですよ。
いつも以上の力が出ますね。

　レフェリングについては、僕がいたときにはまだVARがなかったんで、何回
もオフサイドでゴールを取り消されたときがありました。そういうのを思い返す
と自分にとってドイツのレフェリングが特別良かったということはありませんが、
日本よりも間違いなくレフェリングの質は高いですよね。日本と世界の差が一番
大きくなりつつあるのは、カードの出す基準、レフェリングの甘さだと思います。
足裏が偶然すねに当たっただけでレッドとか、激しいプレーしただけですぐイ
エロー出しちゃうとか。それをするといつまでたってもフィジカルレベルとか強
度が上がってこないですし、それが普通にならないと。そういう強いところで
やっているからこそブンデスやプレミアでやっている選手たちはみんな屈強であ
るはずなんで、日本も簡単にすぐ笛を吹くことはやめて、プレーをする時間をもっ
と長くしないといけないなあというふうに思いますよね。

　フィジカル面については、そもそも骨格が違いますし、トレーニングしていな
くてもフィジカルがすごく足も速いですし、そこは日本人が追いつくには、努
力することしかできないと思うので。それも異なった努力の仕方をしなくてはい
けないのかなと思いますね。それこそ僕みたいに、ただ単に鍛えてしまってお
もりを担ぐじゃないですけど、そればかりでは良くないですし、これから先の選
手たちはどうやっていくのかがすごく楽しみですね。

　メンタル面に関しては、ヨーロッパで成功するためには並のメンタルでは活
躍、成功しないなと思いますね。試合に出られなかったとか、メンバー外になっ
たとか、そんなことだけで落ち込んでいたり、「僕、監督と合わないから無理だ」
と思ったりしたら、そこで終わりです。とにかく、今自分に何が必要なのか客
観視して見られるような選手でないとヨーロッパの地ではやっていけないです

ね。不本意なことばっかりなんで。チームが負けているときとか、チームが良くないときに、まず代えられるのは日本人だったりします。そういうのを僕ら経験しているので。練習環境はチームによると思います。

　サッカー選手としての評価のされ方については、やっぱり結果、数字ですよね。海外に行って求められるのは、その部分です。どんなにいいプレーしていても内容が良くても、結果的にシーズン通して1、2点しかとれてなかったら、市場価値も下がりますし選手としての評価が下がるんですよね。そういった意味でいうと、日本よりシビアというふうに感じますよね。フォワードだと評価されるのは得点、アシストだけなのです。

——3部リーグの下には11部までアマチュアリーグがありますけど、ドイツサッカーの強さは地域のサッカークラブのすそ野の広さにあると思います。マインツにいたとき、下部のチームとの交流試合はありましたか?

　シーズン前に地元の5、6部のチームと試合をすることがありました。地域との交流の意味合いが強く、5部とか6部のチームとやるのも本当に盛り上がりますし、あっちのサポーターが全員来てグラウンドを囲んで地元の人工芝のところでやったりするんですけど。やっぱりあいうこともドイツサッカーの底上げにつながっているんだなと思いますね。僕らとしては5、6部とやるのはタックルが遅れてきたり、スピードの違いもあったりするので、ちょっと危なさを感じることもありますが。でも、地元のテレビ局が来て、インタビューがあったり、たくさんの子供たちも応援に来てみんなにサインしたりとか、当時はなんでこんな試合やるんだろうと思っていましたけど、今考えると地域をみんなで盛り上げ、サッカーを盛り上げるためにやっていたんだと思いますよね。

室屋 成

豊富な運動量と正確なクロス、スピードが武器のサイドバック。名門青森山田高校から明治大学に進学。在学のまま、2016年からFC東京に加入。チーム不動の右サイドバックとして活躍し、2020年夏に、FC東京からブンデスリーガ2部のハノーファー96に完全移籍。右サイドバックや右ウイングバックでプレーし、チームを攻守の面で支えている。

——2020年にハノーファー 96 に移籍しました。移籍後、チームに合流してすぐ打ち解けましたか?

　2020年夏に合流しましたが、当時は原口元気君がいたので、スムーズにチームに溶け込むことができ、とても助かりました。

——実際に海外でのプレーというのは、いつごろから意識したのでしょうか?

　海外を意識したのは大学に入学したころです。ハノーファーを選んだ理由は、いくつかのチームからオファーがありましたけど、条件の良いオファーをいただいたのがハノーファーだったからです。

——ドイツに来て 3 年目です。1 年目の 2020-21 シーズンは 34 試合出場でアシスト 3、2021-22 シーズンは 27 試合出場でアシスト 3 という記録でしたけど、2 シーズンを振り返っていかがですか?

　1年目はリーグ戦32試合に出場しましたけど、自分の中では大変なシーズンでした。数字だけ見ればコンスタントに出ているように見えますけど。特にプレッシャーのかけ方の理解の部分では監督の求めているパフォーマンスを発揮することはできず、「こいつまだ理解していない」という感じで見られていたと思います。一方、攻撃面では、数字的にはアシストが 3 だけでしたけど、数字以上に決定的なラストパスを作っていたので、かなりの手応えを感じていました。

　最初のシーズンは1年を通して安定感がなく、1試合良くなかったら「戦術を理解していない」と言われて先発メンバーから1、2試合外されたり、また先発メンバーに復帰して今度は評価されたりと、1試合ごとで評価されたりされなかったりの繰り返しのシーズンでした。ドイツのサッカーに慣れるのに必死であり、自分の評価を気にしながらの1年でした。その中でも、ドイツで十分やれるという自信をつかむことができました。

　2年目はリーグ戦27試合に出場しましたが、今までのサッカー人生で経験したことがない残留争いに巻き込まれ苦しいシーズンでした。また、1月の調子の良い時期に左足首を怪我したのも辛かったです。個人的にはドイツサッカーにも慣れ、1年目よりパフォーマンスは良く満足できたシーズンでした。チームメイトから自分の立場を確立できた年になりました。原口君が移籍したこともあり、チームメイトと色々なことを積極的に話すようになりましたし、食事に行ったりと、生活の部分では楽しかったです。

——この2年間で一番良かった時期、逆に苦しかった時期はありましたか？

　2シーズンとも一瞬良い時期があって、自分のパフォーマンスが上がったり、チーム状態が良くなった時期はありましたが、この2年間、基本的には苦しかったです。特に2年目（2021-22シーズン）は1年間を通して苦しい時期でした。自分はやれるけど、他のメンバーが付いてきてくれない。自分と他の選手との勝負に対する意識の違いがあって不満を感じることもありました。

　一方で、生活面は楽しいです。自分が海外でのプレーを希望していたのは、海外で生活してみたいと思っていたからです。チームメイトと食事に行ったり、チームメイトの家族と自分の家族でホームパーティをしたり、そういう経験ができて良かったと思います。サッカー以外でも面白い経験をしたいというのが根本的にあって、それを求めてこちらに来たというのもあるので、ドイツ生活はすごく充実しています。

——海外では自己主張する選手が多いと思いますが、室屋選手は指導者やチームメイトに対して自分の考えをどのように伝えますか？

　監督に対して、自分が出場できないときや監督との考え方が違うときに話し

合うことはありますけど、監督に対して「何で自分を試合に出さないんだ」と強い態度をとった主張は基本的にはしません。その分、トレーニングや試合時のプレーでぶつけ、アピールするようにしています。外国人なので、あまりにも強く主張し過ぎればメンバーから外されやすいですし、今まで監督と意見をぶつけ合う環境で育ってきていないので、プレーのことで監督に対して言葉で自分の意見を強く主張することはしません。

　チームメイトに対しては、最初は日本語や英語で怒っている言葉を発し、感情を表に出すようにしていましたが、今はあまり言葉で主張することはしません。日本でも、言葉で強く主張するよりプレーで感情を表に出すタイプなので、ドイツに来てもその部分は変わらないですね。

——ブンデスリーガでも、1部と2部の差は感じますか？

　1部のチームとカップ戦や練習試合で戦っていますけど、1部の下位チームとはそこまで差を感じませんが、上位チームになるとかなり差を感じます。技術の高さ、うまさ、戦術面、戦術眼で違うと思います。1部と試合をすると、ボールをかなり持たれますし、自分たちがボールを持つことができずにただ縦へ蹴るだけで、チャンスをつかむことができませんでした。1部のチームは、相手の守備陣形が整っていなければ速く攻めてくるし、ディフェンスの枚数がそろっていればボールを丁寧に回しながら穴を見つけて攻撃してくる、状況に応じた大人のサッカーをしてくる印象を持っています。1部のクラブはポゼッションのうまさと、勢いのある縦に速いサッカーの両方を兼ね備えていると感じます。

　2部の上位4、5チームぐらいは1部と同じレベルにありますけど、その他のチームは、中盤を省略、つまりポゼッションを放棄して縦に速く攻めるサッカーをやります。ハノーファーはクラブの規模からすると、本来1部にいるチームなので、ポゼッションと縦に速いサッカーを状況に応じて使い分けるサッカーをやろうとしています。昨シーズンは、ボールを大事にしながら攻撃を仕掛けようとしましたが、中盤で食われることが多く、そこから失点をしてしまう結果が出ませんでした。

　個人的には1部で十分できる自信はあります。まあ、1部でやったことがないのでわからないですけど、感覚的には十分できると思います。1年目に1部

写真：アフロ

移籍後すぐにレギュラーに定着。チームからの信頼も高く、2025年までの契約延長となった。

からレンタルで来ている選手とポジション争いをして奪ってますから。その選手が昨シーズンは1部に戻って活躍しているので、不思議だなと思います。他にも何人かチームメイトから1部に行った選手がいますけど、あの選手でも1部でやれるんだと不思議な感覚があります。逆に、1部から2部に来た選手でとても良い選手だけど、1部でできないんだと思うこともあります。2部のほうがやりやすいという選手もいますし、2部だと縦に速いから時間がなさすぎてやりづらいという選手もいます。監督との相性や出会いも大事だなと思います。

——ドイツ全体を見て、日本サッカーとの違いをどう感じていますか?

　ドイツは一直線にゴールを目指すサッカーをします。Jリーグは簡単に言うと川崎(フロンターレ)のサッカーが好まれるのではないかと思います。川崎のサッカーが魅力的に思えるのは国民性を考えると当然だと思います。それは変える必要がないと思います。技術面ではほとんどの日本人選手が通用すると思いますが、攻守の切り替えの速さやプレー強度の高さに違いがあるので、1人の選手としてドイツでプレーするときはその違いをすごく感じると思います。また、ドイツでは、中盤で戦えてボールをさばける選手が評価されます。タックルで相手をつぶすと観客も沸きますし、スライディングタックルで相手のボールを奪う選手のことはめちゃくちゃ好まれます。アウェーの試合で、我々の中盤の選手がつなごうとして、それを奪われてカウンターを食らったりすると、会場が異様な盛り上がりをみせ、それ以降、中盤の選手は怖くてボールを受けに来なくなります。この空気感はJリーグでは感じたことがなく、プレッシャーのかかり方はやばいという感覚がドイツでプレーしているとあります。ドイツでは、ホームの有利性をものすごく感じます。

　日本は守備も組織的に守りますし、攻撃も組織的にポゼッションで作っていきますけど、ドイツは前線から基本マンツーマンでプレッシャーをかけ、もしそこで奪えなくても、相手が無理な体勢でクリアしたボールをセンターバックが気合で競り合い、セカンドボールをとるというのが、すべてのチームで共通しています。最初戸惑ったのは、サイドバックがこんな前線までプレスをかけるのか、こんな行っていいのかと感じたことです。行かないと「なんで行かないの、行けよ」と監督に強く言われるのです。

レフェリングについても、日本と全く違います。前半は、カードを出さないのが特徴的ですが、ファウル自体は非常に多いです。監督からは「小さいファウルをしろ」と言われます。とにかくカウンターを食らいそうになったら「ファウルで流れを止めろ」と練習中でも言われます。それに対して、レフェリーもカードを出さない。小さいファウルに対しては、ほとんどカードは出しませんね。日本では、同じようなファウルを2回したからイエローを出す、というのが多いと感じます。日本はルールがしっかり、きっちりしている感じがします。ドイツは試合中に小さなファウルに対して簡単にカードを出すことによって試合がつまらなくなるというのも考えているのかもしれません。

練習環境は日本もドイツも変わらないと思います。もちろんトップレベルのチームは別ですけど。ハノーファーもスタジアムの横に練習環境もありますし環境は良いです。ただ2部の下位チームのグラウンドは芝生が悪かったり、試合会場のロッカールームが結構古かったりするところもあります。

――仲の良い選手はいますか？　プライベートでも付き合いますか？

チームメイトみんなと仲が良いですが、特に英語をしゃべる選手と絡みます。チームメイトとよく食事にも行きますね。

意外なのは、ドイツ人は食事量が少なくて、「お前食いすぎだよ」とよく言われます。ドイツ人はあまり食べないのに、なぜあんなに体が大きいのか不思議ですよね？　また、ドイツ人は恥ずかしがり屋ですし、プライドが高くて、僕と2人のときは英語でがんがんしゃべりますけど、周りにドイツ人の仲間がいるときはあまり英語を使いたがらない印象があります。

――ドイツでの生活はいかがですか？　室屋選手から見てハノーファーはどういった都市ですか？

ドイツでの生活は大変充実しています。サッカー面でも生活面でも英語でコミュニケーションをとることができています。ハノーファーの街は、駅前はわりと栄えていますし、少し離れれば自然がたくさんあって、とても住みやすい街ですね。3歳の子供にも英語を覚えてほしくて（2022年）8月末からアメリカンスクールに通わせています。奥さんもドイツ生活、そしてハノーファーの街をとて

も気に入っています。日本食は基本的にデュッセルドルフのスーパーにオンラインで注文し、月に1度大量に食材が届いて、奥さんが日本食を作ってくれます。デュッセルドルフが近いので、日本食が簡単に手に入るのは嬉しいことです。

──ドイツの生活習慣で戸惑ったことや、好きなところなどはありますか?

　ドイツ人は基本的に仕事をしっかりする国民だと思っていましたが、休暇の考え方については驚きました。最初、日曜日にスーパーやお店が閉まるのには戸惑いました。今、不動産屋さんに家を探してもらっているのですが、2週間前に頼んでいたにもかかわらず担当者から一向に連絡が来なくて、しびれを切らしてこちらから連絡したところ、これから休暇に入るって言われました。この2週間何をやってたんですかね(笑)。また、幼稚園の先生と明日面談する予定なので時間を決めようと連絡したところ、今休暇中だと言われたこともあります。ドイツ人は、ヨーロッパの中でもまじめに働く国民であると感じていましたが、休暇のことになると自分中心になり、いい加減なところがあると感じています。ただ、僕の性格的にこういった少しいい加減なところも好きなところですけど。

　近所のおじいちゃん、おばあちゃんがスーパーや街で「今日のプレー良かったぞ」と気軽に話しかけてくれる、とてもフレンドリーなところが大好きですね。

──ドイツ人の気質、国民性で何か感じたことはありますか?

　ドイツ人はプライドが高く、自分の国に誇りを持ち、自分たちは頭の良い国民だと思っている印象があります。一人ひとりが自分の意見を持っていて、例えば、コロナ禍のときもマスクをしないと言って、デモを起こして闘っている人がいましたよね。こちらからみるとその考え方は間違っているでしょと思っても、自信を持って自分の意見を言える強さがあるなと感じます。日本では見られない光景ですね。また、ドイツ人は日本人と似ているところもあると思います。意外と人見知りですし。ドイツ人からはスポーツ根性や気合を感じます。高校サッカー、高校野球のスポコン的なところは似ていると感じることがあります。ドイツ人の指導者やサポーターから「戦え」「気持ちだろ」ということを結構

言われます。そういうところは高校サッカーの感じに似ていますよね。特に2部はカルチャーをより感じるので。

——室屋選手のように大卒の選手が海外で多く活躍しています。世界的に見たら珍しいことですが、大学に行ったことによってプラスの部分はありますか？ 逆にマイナスの部分はありますか？

高校3年間はサッカーしかやっていなかったので、大学でいろいろな人に出会えたのは良かったです。大学では、サッカー以外のいろいろな世界を見ることができました。もちろんサッカーが一番大切でサッカー選手として成長するために努力はしてきました。それと同時に、高校時代には経験することができなかったサッカー以外のことにも時間を費やし、他にもいろいろな世界がある中で、自分はそれでもサッカーが好きなんだと感じました。

特にドイツに来てサッカーに対しての向き合い方が、自分のメンタルをコントロールするうえで重要だと感じています。サッカーでうまくいかなかったときでも、少し距離を置いて自分を見つめなおすことができるのが自分の良さだと感じています。そういうのができるようになったのは、大学に行ったから。サッカー以外の部分でいろいろな人と会って、こういう考え方があるのか、マインドがあるなというのを学んでから、いろんな立場、角度から自分を見られるようになったのはメンタルをコントロールするうえで大きかったと思います。勉強すること、いろいろなことを学ぶことの大切さを大学に行ってから感じるようになりました。

それまではサッカーだけやっていればいいと思っていましたけど、簡単なことを言うと、本を読み始めたのも大学に入ってからですし、小説などいろいろな本を読むことによってサッカー以外の知識を身につけることができました。そういうのも含めて自分にとって大切な経験だったなと思います。「サッカーしているだけではだめだな」と考えられるようになったのも大学に行ってからです。また、高校まではサッカーやっている友達しかいませんでしたけど、サッカーは全く知らないけど違うことに長けている大学のクラスメイトや全国から違った境遇で育った先輩、後輩、同級生と出会ったことによって人間の幅が広がりました。

このように大学では人間的な成長ができ、それがサッカー選手としての成長

にもつながり、大学の経験があったからこそ、今、ドイツでプレーできている
のだと感じています。

　大学に行ってマイナスとは思っていませんけど、今28歳（※取材当時）に
なり、年齢がどれだけキャリアアップに大事かというのは痛感しています。若い
うちになるべくヨーロッパにいるというのがどれくらい大事かというのはこっちに
来てすごく感じます。

CHAPTER 4

時代とともに
変化する育成環境

1 | ドイツの教育システム

■ 10歳から人生の選択に迫られる

　育成年代を語るうえで外せないテーマ、それは学校制度です。ベースとなる、幼稚園・小学校・中学校・高校・大学という流れは似たものがありますが、実際には当然ながら日本とドイツの教育システムは異なります（図10）。

　就学前は、幼稚園（Kindergarten）に通います。3歳から幼稚園の入園ができますが、中には3歳児未満の幼児も入ることができます。日本との大きな違いは、3歳児以上は学年でクラスを分けることがありません。つまり3歳児と4歳・5歳児が1つのクラスで一緒に生活をします。そのため、5歳の子供たちが年下の3歳の子たちを助けたりする姿は、ドイツの幼稚園でよく目にする光景です。ちなみに、入園式はありません。いつの間にか新しい子供がクラスに入って来ることも珍しくありません。一方で卒園式は行われます。教会でセレモニーが催され、終わった後は幼稚園に戻ってパーティをするのが一般的です。

　ドイツの幼稚園では基本的に子供たちの自主性を尊重したカリキュラムとなっています。子供たちは登園すると、まず朝ごはんの時間になります。各自が好きな場所に座って食べます。朝ごはんといっても、ドイツの子供が持ってくるのは、チーズを挟んだパンなどの軽食、あるいは野菜や果物のようにシンプルなものですから、日本の子供が毎日違った具材のおにぎりやサンドイッチを持ってくるとドイツの子供たちに驚かれるほどです。

　食事後は積み木や絵本、絵を描くなど一人ひとりが好きなことをやります。もちろんお遊戯会など先生主導で行う行事もありますが、基本的に先生は子供たちがやりたいことを伸ばすように見守っています。またドイツでは雨の日でもよく外で遊ばせます。なので雨合羽は必須アイテムで、先生からは下着と洋服の替えは常に用意するように言われます。

　地域によって変わりますが、幼稚園の最終学年になると、卒園後に入学を予定している小学校に訪問する機会が定期的に設けられます。慣らし保育ならぬ慣らし学校という意味合いが強いのでしょう。

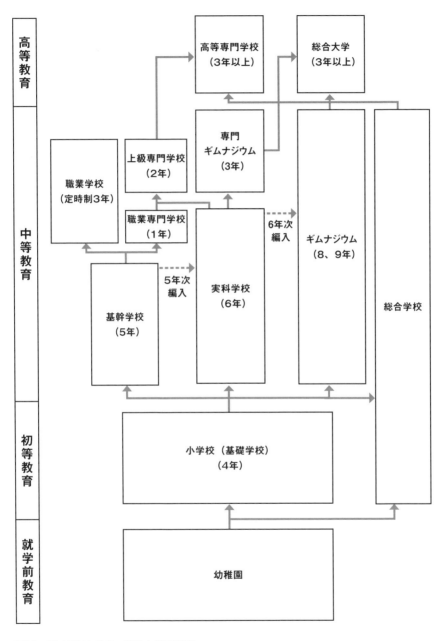

図10　ドイツにおける一般的な教育課程

6歳からは初等教育となる小学校（Grundschule）に入学します。小学校は4年制で、10歳まで通います。日本では小学校1年生、中学校2年生、高校3年生という言い方をしますが、ドイツでは、小学校1年生を「1年生」、中学1年生を「7年生」、高校1年生を「10年生」と呼びます。小学校以降に通う学校の種類によって、その後の人生が大きく変わるかもしれません。つまり10歳でどの進路を選ぶかひとつの岐路に立つのです。

　小学校を卒業すると、次のような学校の選択があります。

・ 基幹学校（Hauptschule）

　日本でいうところの小学校5年生から中学校3年生までの期間にあたり、基本は5年制です。卒業後は、職業学校（Berufsschule）に通う子や、マイスターなどの専門職につく子たちが多くいます。大学進学を目指すための学校というよりかは、卒業後に就職して職業訓練を受ける者が進む学校として位置づけられています。

・ 実科学校（Realschule）

　6年制の学校で、日本でいう高校1年生（16歳）で卒業となります。上級専門学校への道を開く学校として位置づけられています。卒業資格を取った後は専門学校に通って専門大学に入学する子が多いですが、中には成績優秀でギムナジウムに入学する子もいます。

・ 総合学校（Gesamtschule）

　5年生から13年生、高校3年生までの学校になります。ここでは、実科学校の卒業資格も取れます。優秀な子は大学入学資格アビトゥア（Abitur）を取得することも可能です。子供の進路が決まっていない場合には、小学校からこの総合学校へ行くことが多いようです。

・ ギムナジウム（Gymnasium）

　日本の学校でもあるように、中高一貫教育にあたります。大学進学を主に目的とした学校になります。ここでは、高校卒業資格を得ることができます。日本との違いは、アビトゥアという大学へ進学するための資格を取得できるとい

うところです。このアビトゥアを取得すると大学へ進学が可能になります。しかし、好きな大学に必ずしも進学できるわけではありません。ギムナジウムでの成績とアビトゥア試験の成績を総合して、その成績の出来によって、入学可能な大学が見えてきます。

　日本と同様に、医学部に入学するには、かなりの好成績を得る必要があります。日本では希望大学に入学するために、浪人をする人もいますが、ドイツでは希望大学学科への成績が足りないために、ギムナジウムで留年をする人もいます。留年は、日本では非常にマイナスの印象を与えることもありますが、ドイツではごく普通のことと捉えられています。できなかったことをもう一度やり直し次のステップへ進むという作業に誰も疑問を抱きません。

■ 授業の特徴

　ドイツの学校は日本と比べると朝が早いです。基本的には1時間目は8時から始まるところが多いのです。ドイツでは親が子供と一緒に学校に登校するのが普通です。働いている親御さんも多いので、その人たちのために合わせて学校の始まりが早くなったという説や、ドイツの冬時間は日照時間も短いので早く授業を開始して終わる時間も早めることで子供たちが外で遊べる時間を持てるといった説など理由は様々です。

　基本的にどの学校でも1コマの授業時間は45分です。4年生までは昼間で学校は終了、その後はフリーとなります。そのため家に帰って食事を済ませ、午後からは習い事をしたりサッカーの練習へ通ったりする子供たちもいます。一方、両親が共働きで家に誰もいない子供は学校で昼食を取り、午後からはベトロイウングと呼ばれるグループで時間を過ごします。日本で言えば、学童保育といったところでしょう。学校の先生や、アルバイトの大学生たちが学校に残った子供たちの宿題を手伝ったり、一緒にサッカーをしたり、遊んだりするのです。ドイツの学校は基本的には無料ですが、このドイツの学童保育では幾らかの料金を払う必要があります。それでも、このシステムは共働きの家庭にとっては強い味方になっています。

　その他にも、週に1回に90分間のAG（アーゲー）と呼ばれるクラブ活動の時間があります。この時間での活動は成績評価の対象外です。成績を気

にすることなく、子供たちは新しいことを学んだり、自分の興味のあることに時間を注いだりするのです。AGのコースには、料理コース、外国語で映画を見てみんなで討論するコース、もちろんサッカーコースもありますし、みんなで楽器を演奏するバンドコースもあります。このAGの特徴は、必ずしも学校の先生がその時間を担当するわけではないということです。スポーツや音楽、美術など外部からそれぞれの専属講師を招くことで、より専門的な領域に迫るコース化にしている学校も多々あるのです。

　なお、5年生からは午後の授業もあり、高校生になると夕方4時まで学校で勉強することもあります。ただし、それは週に1回程度です。

　授業は先生の裁量に任されることが多く、授業は教科書を使わずに先生が自ら用意した教材によって進められることもあります。そのためドイツの子供たちは予習をするという習慣がないのです。

　成績を付ける基準は、筆記テストと授業態度です。割合は50対50だとされています。テストは各々の先生が独自に作るので同じ教科でもクラスによって設問が変わってきます。また授業態度には発言の回数や積極的に手を挙げるなど、どのくらい意欲的に参加しているかが重要視されます。先生は発言させることを主眼に授業を進めたり、小さいグループに分け発言する場を作るなど授業づくりの工夫をしています。

■ ここが違う日独の学校事情

　ドイツでは小学校から留年があります。留年の可能性のある子供は学期末の3ヶ月前に両親とともに学校に呼ばれます。面談では成績を見せられたうえ、残りの期間で頑張らなければならない教科を伝えられ、その後に改善が見られない場合はもう1年同じ学年を続けなければなりません。なお、留年してしまう生徒の数は中学1年生（5年生）から1クラスに1、2人出る学校もあるようです。留年という言葉自体、日本では非常にネガティブに捉えられがちですが、ドイツでは生徒自身が自ら留年を希望し、勉強をし直すということもあります。ドイツの自由教育の一面が見られるところでしょう。

　夏休みの宿題もないのが、特徴のひとつです。一番の理由は、休みの期間は休むことが目的で勉強をする時期ではない、という考えがあるからです。

当然ながら、秋休みやイースター休みなどの期間も宿題を出されることはあり
ません。夏に宿題がない他の理由として、ドイツの場合、夏休みが終わると
新学期が始まるという日程的な要因もあるようです。

　また、家庭訪問も行われません。ドイツでは家庭というプライベートな部分
に入り込んで話をするのは好まれないということ、躾は学校で学ぶものではな
くそれぞれの家庭で行うことだとの考えがあること、さらに先生は授業だけを
しっかりやることが仕事で、それ以外は自分の範疇ではないという考えがある
からです。そのため、夏休みは先生たちも子供たちと同様にしっかりと休みを
取ることができます。「日本の先生たちは夏休みでも学校で仕事しているみた
いだよ」という話をしたら、「日本の先生たちはどうやって体と気持ちをリフレッ
シュさせるの?」と驚かれたほどです。ドイツでは先生も他の職業の人たちと
同様に、2週間から3週間のバカンスに旅立っています。

■ ドイツ教育の課題

　ドイツの教育現場でも問題は多々あります。まずは大都市を中心に教員の
数が不足しているという点です。理由は近年他国からドイツに流入する移民
の数が増えたこと、子供の数が増えてきている一方で、教師の高齢化、教員
に魅力を感じない若者の増加と言われています。ケルンでもこの現状が顕著
で、ある生徒が希望する学校に入るための点数を満たしていたにもかかわら
ず、教員不足を理由に、その学校から入学許可を得られなかったというケー
スを耳にするほどです。

　またドイツには、教員免許というものはなく、セミナーを受講すれば教壇に
立つことができます。教員の数が足りない学校はそのような先生を採用します
が、教育実習や難しい試験を合格してきた教員とセミナーだけを受けて教壇
に立つ先生の間には、勉強をしてきた時間や習熟度が違うために授業の質に
大きな差が生まれてしまい、その結果として子供たちの学力が落ちてしまうとい
う問題も起こっています。

　近年は、ウクライナやシリアからの移民に対する教育問題も抱えています。
彼らは当然ですがドイツ語がままならないので、本来なら別の時間でドイツ語
の授業を受けることが望ましいとされています。しかし現状では、学校側が必

ずしもその要求を満たしているとは言えないのです。理由は前述したような教員不足の他に、彼ら専用のクラスを作る場所の確保が難しいという物理的な問題があるからです。

「わずか 10 歳で自分の人生が決まってしまう」ということにもフォーカスが向けられています。子供を持つ親や現場の教員の中には、こんなに早い段階で方向性を決めてしまうのは正しいことなのだろうかと疑問に思っている人が一定数います。しかし実際のところ、小学校卒業時に下した決断がその後の人生を決めてしまうのでしょうか。

「今ではそれは全く違います。昔はそうであったかもしれないが、現在はとてもフレキシブルになっていますよ」

　こう話すのは、2021年まで小学校の先生を務め現在は絵本作家として活動しているカトレーン・ビーナルトさんです。長年、小学校で教壇に立っていた彼女は「基本的には、実科学校に通う子供たちは、将来のため手に職をつける仕事を考えているケースが多いと思う」と前置きした上で「私の弟のように、実科学校に通って就職したとしても、その後夜間学校に通い直してアビトゥアを取ることだってできる。また、私は最初ギムナジウムに通っていたが引っ越しなど環境の変化が大きく勉強に集中できなかったので実科学校に移った。それでも最終的にはアビトゥアを取ることができた」と、10歳の段階で1つの学校に決めたとしても、途中で進路をいくらでも変えることができるのです。実際に現代の子供たちも、必ずしも10歳で人生の選択をするというわけではありません。様々な課題があるとはいえ、多様性が求められる時代だからこそ、今後ドイツの教育制度も、大きく変化していくかもしれません。

学業と両立を図る
「エリートシューレ」の存在

　将来的にプロ選手を目指している育成年代の選手たちは、練習と同じくらい学校の勉強も大事になってきます。彼らのようないわゆるトップレベルで競技を続けたい選手は「エリートシューレ（Elite Schule）」と呼ばれる学校に通っています。これらの学校は所属クラブ、地域サッカー連盟・ドイツサッカー連盟と連携し、一人ひとりに合ったプログラムを提供しています。2022年現在、ドイツ全土で38校あり、そのうち11校は女子選手に特化した学校となっています。

　例えば、18歳でエリートシューレに通う選手の生活は次のとおりです。

　起床は毎朝7時。授業は8時から始まり11時15分に終了します。11時35分からは所属クラブの練習が始まります。その後90分間の練習を終えて、シャワーを浴び13時20分から14時5分まで再び学校の授業となります。昼食はその後、自宅に帰ってからとりますが、食休みをする間もなく宿題をこなさなければなりません。というのも、時期によってはインターナショナルカップに出場するため2、3日は学校を休むこともあるので、授業の代わりに宿題という形で課題が与えられるからです。したがって午後の練習時間になるまで、机に向かわなければなりません。

　午後のトレーニングは夕方から始まり19時30分まで続きます。夕食は帰宅してから家族みんなで食卓を囲みます。食後は団らんもほどほどに、学校の課題が残っていれば再び教科書を広げ、やがて就寝時間になったらベッドに入ります。

　このルーティンワークが金曜日まで行われ、土曜日は10時から練習、トレーニング後にはチームミーティングを行い、日曜日は11時から試合となっています。

　このようにエリートシューレに通う選手は、プロ予備軍の選手たちです。次のステップに進むためにはどんなことが必要かと、現在エリートシューレに通う、ある選手に問うたところ、「ツキは必要だと思います。

良いタイミングで自分のポジションでプレーする選手が怪我や退団したりということは大きな要素だと感じます。もちろん、強い信念も大事で、そして普段の生活の中から見本となる態度や規律を持った行動を取ることも必要なことだと思っています。ピッチの上では相手がどうであれ自分の全力を出し切ること。それでもやっぱり運という要素はとても大きいと思います」と話してくれました。

　プライベートの時間の過ごし方についてはどうなのでしょうか。「他の友達と比べてプライベートな時間は少ないし、現状で自由な時間を多く持つことは難しいです」とのこと。しかし、「プロ選手になれば彼らが過ごしている時間よりも楽しいものが待っていると思っています。それに多くの選手がブンデスリーガのユニフォームを着てプレーしたいと思っていることが叶わない一方で、自分はプロになるチャンスがあるのです。だからこそ今はサッカーに時間を捧げます。みんなができることではないから、それはそれで楽しんでいる部分もあります」とポジティブに捉えている印象でした。

　また選手を支える親御さんにも話を聞いてみました。「私たちにできることは車での送迎、料理、そして洗濯かな」と笑顔で答えた後、「サッカー選手は怪我をしたらキャリアが終わってしまうから学校の勉強は一番大事だと思っています。学校をしっかり卒業していれば仕事にも就くことができますからね。だから学校とサッカーをしっかり両立するように言っています」と答えてくれました。

　エリートシューレに通う選手はプロ予備軍といえども、まだ10代の若者たちです。話を聞いた選手たちは口を揃えて学校の大切さを強調していました。学業ができて初めてサッカーをすることができる、という意識を持っているのに感心しました。彼らがいつの日かブンデスリーガのピッチで躍動するところを心待ちにしています。（杉崎）

2 育成環境

■ 各カテゴリーすべてのための環境づくり

W杯で4度の優勝経験を持つドイツですが、育成年代も過去15年間でヨーロッパ選手権を7度制覇（2008年のU-19、2009年のU-21/U-17、2014年のU-19、2017年のU-21、2021年のU-21、2023年のU-17）するなど、結果を残してきています。ここからは育成年代を取り巻く環境や保護者との関係、試合に対する考え方にスポットを当てていきます。

ドイツサッカーの強さの秘密は、土台の大きさにあります。その一番の要因はクラブ会費の安さがあるでしょう。多くの町クラブでは年間わずか100から150ユーロをクラブに支払うだけでサッカーができるのです。しかもボールやユニフォーム代はかかりません。多くの場合、チームに所属する大人たちがスポンサーとなって、チーム分の練習着のユニフォームやバッグなどを揃えてくれたりもします。スポンサー側にもユニフォームに名前を付けることができるという利点の他に、税金控除の対象となるというメリットや地域貢献という側面もあるのです。このようにドイツでは、お金をかけずにサッカーを楽しめる仕組みができあがっています。

またサッカーをする場所も多く存在します。ボールを自由に蹴ることのできる広場がたくさんあり、ほぼすべてにサッカーゴールが設置されています。週末に老若男女問わず草サッカーを楽しめる環境が整っているわけです。また町のクラブによっては、チームの練習がないときに所有するグラウンドを一般開放しており、夏休みには近所の子供たちが集まって日が暮れるまでサッカーを楽しむ光景が見られます。

ノルトライン＝ヴェストファーレン州にあるエッセン市を例にすると、サッカークラブの数は43ありますが、そのすべてのクラブは市からクラブハウスとサッカーグラウンドの提供を受けています。複数のクラブが合同でグラウンドやクラブハウスを使用しているケースもありますが、一部といえるでしょう。

中には、アマチュアクラブにもかかわらず、立派な施設を使用しているクラブもあります。真新しい人工芝のグラウンドを持ち、その横にはキッズチーム用

の人工芝のミニグラウンドがあるなど、充実した環境です。

　クラブハウスには、いくつかのロッカールームがあり、指導者用の部屋もあれば、週末の試合を担当する審判団用の部屋も用意されています。そして、多くのクラブハウスには売店やカフェテラスが備え付けられています。子供をグラウンドに送ってきた親御さんは、食べ物や飲み物を買って世間話をしたり、カフェから練習を見たりするなど、それぞれの時間を過ごすことができます。それがドイツのスタンダートです。

　各施設には、市から雇われた管理人が詰めており、グラウンドの整備やクラブハウスの管理を行っています。夏には芝生を刈り揃え、秋になれば落ち葉を拾い集め、冬の降雪時には雪かきをしてくれます。クラブハウスの備品が壊れれば修理を請け負いますし、いわゆる何でも屋として活躍します。

　グラウンドには、学校が終わった4時過ぎ頃から、キッズチームの子供たちが集まり始めます。彼らは自分たちの体とそんなに変わらないくらいの大きなカバンを担いで、お母さんやお父さんに送られてグラウンドに現れます。練習着に着替えるとすぐさま人工芝のグラウンドの上で、練習開始前からボールを勢いよく蹴り始めるのです。

　そうこうしているうちに、今度は彼らのお兄さんたちが現れて、アップを始めていくのです。ドイツでは、毎日練習を行わないのが普通です。すべてのクラブではありませんが、育成年代のU-7からU-19までは学年ごとにチームがカテゴライズされていますので、年齢によって、練習時間をうまくスケジュールして、地域の子供たちが不自由なくサッカーを楽しめるような環境づくりをしているのです。

　社会人チームになると、18時半頃からスタートします。サッカーのために、全員が残業をせず、制限速度のないアウトバーンを走って駆けつけます。たとえ人工芝のグラウンドが1面しかなかったとしても、上手に使い回せば、キッズから大人までみんなでグラウンドを有効に使えるのです。

　練習が終われば、みんなロッカールームでシャワーを浴びて帰宅するのが一般的です。練習後にシャワールームで仲間と汗を流すのは、ドイツサッカーにとって重要な時間です。シャワーを浴びない選手はプレーさせないという監督もいるほどです。プレシーズンが始まる7月の中頃は、陽が夜遅くまで残り欧

州の最も良い季節といえます。そんな季節はシャワーを浴びたら、髪の毛を乾かさずに帰路についても気持ちが良いものです。

　10月も最終週になると土曜日の深夜から冬時間に切り替わります。陽が落ちるのが早くなり、気温もぐっと下がります。とはいえ、寒い冬であろうが、一生懸命にトレーニングをすれば汗はかくものです。着替えてから帰らなければ風邪をひいてしまいます。マイナスを記録するドイツの冬でも、一度クラブハウスに足を踏み入れてしまえば、そこはもう常夏です。温かいシャワーをたくさん浴びて、ロッカールームに設置されたドライヤーで髪の毛を乾かしてから、帰路につくことができます。

　週末の楽しみな試合も、各カテゴリーによって、時間をずらして開催されます。そのため、グラウンドが空いている時間には、サッカーの習熟度にかかわらず、どんな年代の子でもプレーしたいと思えば、誰でもこの充実したサッカー施設を利用することができます。

　さらに、クラブ施設の利用方法はスポーツを楽しむだけに限りません。

　誕生日会などのお祝い事や地域の催し事にもクラブの施設を使うことができます。時間貸しをすればクラブも収入を得ることができ、借りる側も場所の手配など面倒なことを省くことができるので、双方にメリットがあります。

　学校の教育現場でもクラブの施設が利用されています。ドイツには校庭のない学校が沢山あります。そのような学校が体育の時間にクラブのグラウンドを使用します。このように、ドイツのクラブ施設は社会的な要素も含んでいるのです。

■ 低学年サッカーの特徴

　ドイツでは育成年代の試合において特別なルールが存在します。地域によって多少の違いはありますが、幾つか紹介します。

・U-11までの試合ではオフサイドがない
⇒年齢が低いときには戦術的な制限を設けるよりも自由にプレーさせようとする狙いがある。

・小学生年代の試合では副審がいない
⇒U-11以降もブンデスリーガを除いて、すべてのカテゴリーのリーグ戦で副審がいない。主審1人で試合を裁くことになるので、その負担軽減ということも考えられる。

・イエローやレッドカードもU-11年代まではない
⇒その代わりに一定時間プレーできないという罰則が設けられている。

・交代選手の人数制限がない
⇒なるべく多くの子供にプレーの機会を与えるという考えのもとに採用されている。

・ゴールキーパーはバックパスをキャッチすることが認められている
⇒ただし、ブンデスリーガ下部組織や強豪とされる町クラブのゴールキーパーはバックパスを足で処理することが求められる。

・ファウルスローはない
⇒幼稚園の試合では、まずファウルスローを取ることはない。小学校年代に入っても基本的には目をつぶるが、あまりにもひどい投げ方をする場合は、審判が試合を止めて、その子供に再度スローインをするように促すことがある。試合のスピード感の低下を防ぐのが理由だとされている。

・試合結果を掲載しない地域のサッカー連盟がほとんど
⇒順位を気にするとどうしても上手い選手が試合でプレーする時間が多くなってしまうので、育成を第一に考えてこのような方法を取っている。

　ドイツサッカー連盟の新しい取り組みのひとつとして、FUNnino（フニーニョ）と呼ばれるゲームがあります（図11）。ミニフィールドの中に4つのゴールを設

置して、3対3形式で行われるものです。Fun（楽しみ）とNino（スペイン語
で「子供」を意味する）という言葉をつなぎ合わせた言葉です。

　これは、ドイツ出身のホルスト・ヴァイン氏が作り上げたゲームスタイルです。
ヴァイン氏は元々アイスホッケーの選手としてドイツ代表チームでも活躍し、引
退後はアイスホッケードイツ代表監督も務めました。1980年代から、バイン氏
はサッカーコーチの指導もするようになり、1990年になってフニーニョというゲー
ムスタイルをサッカー界に向けて発表しました。

　現在U-11世代までは、7対7で試合が行われるドイツですが、フィールドを
小さくして3対3にすることで、子供たちの1試合におけるボールタッチ数を増
やそうという試みです。

　2014年、ドイツサッカー連盟の長年の取り組みがW杯制覇という形で実を
結びました。2003年からスタートした育成改革で育てあげた選手たちが、準
決勝であのブラジル代表を相手に怯むことなく、威風堂々とサッカーをしたの
です。結果は7-1の圧勝でした。個々の選手たちの技術が圧倒的でした。ミ
ロスラフ・クローゼにボールが渡れば、すべての観客がゴールを期待しました。
メスト・エジルがボールを持てば、次の瞬間には何が起きるのかと、相手チー
ムは恐れたはずです。トニ・クロースの低い弾道を描くシュートは誰も真似が
できるものではありません。トーマス・ミュラーは攻撃のみならず、広い視野と
長い足を駆使して、相手のパスを何度もカットしました。ゴールラインで相手
のシュートをブロックするだけでなく、ペナルティエリアから飛び出してサッカー
をするマヌエル・ノイアーのプレーは、世界中の子供たちのゴールキーパー像
を作り変えました。

　ピッチに立つドイツ代表選手は、基本技術だけでなく、創造性や遊び心も
備えていたのです。決勝では、アルゼンチン代表を延長の末に破り見事に世
界制覇を成し遂げました。ドイツのサッカーファンは、この強さが長きにわたり
続くと信じていました。しかしながら、2018年のW杯ではグループリーグで敗
退となったのです。敗因として、ドイツ国内のサッカー関係者から、スペインサッ
カーに魅了され過ぎた結果、不必要にボールを保持し過ぎていた、サイドの
重要な1対1の局面で強さを発揮できる選手がいない、ゲームインテリジェンス
を持った選手が足りない、味方までも欺く創造性を持った選手が育っていない

CHAPTER 4
時代とともに変化する育成環境

など選手の育成に問題があったとの声が聞かれました。

　そこでドイツサッカー連盟は、未来のクローゼやエジルを育てるためにフニーニョを導入することを決めたのです。

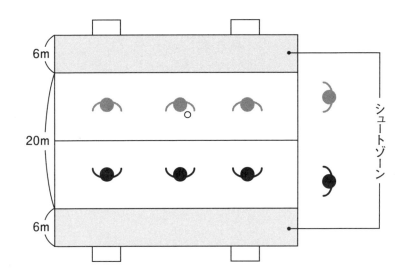

ルール
・3対3（各チーム4人、1人は交代メンバー）
・ゴールキーパーは置かない
・ゴールは各ゴールラインに2つずつ配置
・選手に1から4までの番号を割り当て、ゴールが決まったら番号ごとに交代する
・ゴール前にシュートゾーンを設け（ゴールラインから6m）、そのエリアからしか得点できない
・ゴールキックの際には、相手選手たちはシュートゾーンに入ってはいけない

狙い＆メリット	
・より多くのボールタッチ数を達成できる	・さまざまなポジションを学ぶ機会になる
・ドリブルをする機会が圧倒的に増える	・出場時間の確保
・得点チャンスが増える	・さまざまな試合状況に遭遇する
・もちろんゴールも増える	・実行力とゲームインテリジェンスを発達させる機会になる
・より多くのパスを出す必要がある	

図11　フニーニョ

　ゴールキーパーを置かないことで、キッズサッカーで頻繁に起こりうる「サッカーが上手くない子がゴールマウスを守る」という状況をなくすことができます。何度も可能な選手交代によって、刻々と変わる試合状況に遭遇することで、子供たちは変化を楽しみながら、自らの力で解決する術を培っていきます。これには、減少しているサッカー人口に歯止めをかけ、増加に転じさせようというドイツサッカー連盟の目論みもあるようです。

　1グループを必ずしも4人にする必要はありません。3人1組にしても良いでしょう。通常のサッカーコートを4つに分けて、同時進行で4試合を行えば、最低でも24人の子供たちが否が応でもサッカーボールを追い続けなくてはいけない状況になります。誰もベンチに座る必要がありません。子供たちは試合当日の朝、元気よく試合会場に向かえることでしょう。それに乗じて、子供たちのサッカー人口は増えるかもしれません。と同時に、「うちの子は、あの子よりもサッカーが上手なのに、なぜ試合に出られないんだ!」などという親御さんの不満は減るはずです。

■ U-12以降は移籍金が発生

　育成年代では、移籍が頻繁に行われます。もちろん新しいクラブに移ることが最もポピュラーですが、様々な移籍の方法があります。具体的に説明する前に、まずは育成年代の1シーズンの流れについて説明します。

　新しいシーズンは7月1日から始まります。リーグ戦開幕に関しては所属するリーグや各地域サッカー連盟によって違いはありますが、多くの場合、8月の終わりからクリスマス前までが前期です。休みを経て、後期は翌年の2月下旬から始まり、5月下旬にシーズンが終わります。

　ドイツの育成年代では原則、フリーで移籍できる期間が1シーズンで2回あります。最初は7月1日から8月31日までの期間です。この期間に移籍をするためには、6月30日までに所属チームを退会することが条件となっています。退会が完了すると自由に別のクラブに移籍する権利を得ることができます。トライアウト先では練習だけでなく、練習試合にも参加することが可能です。無事に次の所属先が決まると移籍金の交渉に入ります。退会後は前所属クラブと次のチームとの間で移籍金の交渉などが行われます。

移籍金は、カテゴリーD（U-12/U-13）以上の選手に対して発生します（図12）。夏に移籍する場合でも、あらかじめ移籍金額は決まっています。算出方法は、前所属クラブのトップチームが参加しているリーグ及び移籍する選手が前所属クラブに何年在籍していたかによって決まります。

	所属リーグ	所属カテゴリーA・B（U-16 ～ U-18）	所属カテゴリーC・D（U-12 ～ U-15）	所属年数（1年当たり）
育成年代男子	ブンデスリーガ1部	2,500 ユーロ	1,500 ユーロ	200 ユーロ
	ブンデスリーガ2部	1,500 ユーロ	1,000 ユーロ	150 ユーロ
	ブンデスリーガ3部	1,250 ユーロ	750 ユーロ	125 ユーロ
	4部	1,000 ユーロ	500 ユーロ	100 ユーロ
	5部	750 ユーロ	400 ユーロ	50 ユーロ
	6部	500 ユーロ	300 ユーロ	50 ユーロ
	7部	400 ユーロ	200 ユーロ	50 ユーロ
	8部	300 ユーロ	150 ユーロ	50 ユーロ
	9部	200 ユーロ	100 ユーロ	25 ユーロ
	10部	100 ユーロ	50 ユーロ	25 ユーロ
	11部以下	50 ユーロ	25 ユーロ	25 ユーロ

	所属リーグ	所属カテゴリーA・B（U-16 ～ U-18）	所属カテゴリーC・D（U-12 ～ U-15）	所属年数（1年当たり）
育成年代女子	ブンデスリーガ1部	750 ユーロ	300 ユーロ	150 ユーロ
	ブンデスリーガ2部	350 ユーロ	200 ユーロ	100 ユーロ
	3部・4部	200 ユーロ	100 ユーロ	50 ユーロ
	5部以下	100 ユーロ	50 ユーロ	25 ユーロ

図12　育成年代移籍金額算出早見表

ここで1つの例を紹介します。

U-12の選手Aは6月5日に所属クラブを退会し、1ヶ月後に新しいクラブを見つけることができました。選手Aの所属していたクラブのトップチームは、5部に所属していることからまず400ユーロを支払うことになります。さらに選手Aは同クラブで4年間プレーしていました。そのため200ユーロ（50ユーロ×4年）かかりますから、新しいクラブは移籍金として合計600ユーロ支払うことになります。

ちなみに、移籍金は毎回発生するわけではありません。例えば、指導していた選手Bが1.FCケルンに移籍することになった際、1.FCケルン側はお金を支払う代わりに選手Bが所属していたチームにホームゲームのチケットを贈ることで移籍を合意させたケースもあります。また、半年以上プレーしていない場合や、家庭の事情で違う地方に移籍を余儀なくされたとき、前所属先との話し合いで移籍金が発生しないこともあります。

2回目の移籍期間は1月1日から1月31日の間です。夏に比べ移籍期間が1ヶ月短くなっています。この期間に移籍をするためには7月1日から12月31日までの間に所属チームを退会していなければなりません。なお、夏の移籍との大きな違いは決められた移籍金を支払う拘束力はないという点です。

「試合に出られないならチームに所属している意味がない」

ドイツ人の多くは、このように考えます。実際、ドイツでも移籍に対するマイナスイメージはありますが、それ以上に試合に出ることを優先して、その結果チームを変える選択をする選手が多いのです。しかもここで言う、チームを変えるとはクラブを変えることだけを意味するのではありません。ドイツでは、1つのカテゴリー（例えばU-13）で複数のチームを所有しているクラブが多くあります。つまり、U-13のAで出場機会がなければ同クラブU-13のBに移るという選択肢もあるのです。

移籍のハードルが低いことから、頻繁にクラブを変える選手も出てきます。移籍を繰り返すというのは、裏を返せば何か問題があるのではないかと新しいクラブは考えるので、前所属チームの指導者にどんな選手なのか、クラブを辞めた理由は何だったのかを確かめることがあります。移籍を繰り返す選手の

一番の原因は、選手本人ではなく、その親にあることが大半です。

　具体的には、自分の子供が試合に出られないたびに文句を言ってきたり、試合中に勝手に指示を出してきたり、練習や試合前に子供の世話を必要以上にしたりする親です。親自身は子供のためを思ってこれらの行動を取っているかもしれませんが、ピッチ上では子供自身が判断してプレーをしなければなりませんから、親の過干渉は子供の思考力低下を招き、悪影響を及ぼすことになります。

　このように、育成年代の移籍では、ポジティブな面とネガティブな面が存在するのです。

COLUMN　保護者との上手な付き合い方

　育成年代に欠かせない話題として、親御さんとの関係があります。自己主張が激しいドイツでは親御さんとのエピソードには事欠きません。

　これはドイツに来て初めて監督としてチームを任されたときの話です。最初の公式戦を前にベンチ入りメンバーを発表した直後、自分の子供がメンバーから外された親から「どうしてうちの息子がベンチ外なんだ!!」と激しい剣幕で迫られたときはカルチャーショックを受けました。また、ある時はメンバー外となった親から暴力を振るわれたこともありました。さらには、自分の息子を使って欲しいがために親から金銭の提案を受けたこともあります。金銭ではなくても食事に誘って来たりすることもしばしば。もちろん私はそういったたぐいの提案は断りますが、中には監督の方から親に対して金銭を要求するようなパターンもあるほどです。

　このような経験から親御さんとのコミュニケーションは最小限に抑え、相手が話をしたいときはその場ですぐに機会を設けるのではなく、日を改めることにしています。自分の子供が試合に出られなかったなどの問題も当日であれば感情的になって話をしてきますが、日にちが経つと冷静になるので建設的な話し合いができるようになります。

　ポジティブな経験もしています。これまで多くの選手を指導してきた中でプロになった選手も存在します。経験上、彼らに共通するのは、親御さんが落ち着いており、口うるさくないところです。

　ある試合で、集合時間に間に合わない選手が何人かいました。結局彼ら全員をその試合に出さずに終わると、親は不満をぶつけてきました。ただその中で1人の親だけが「今日の選択は正しかった」と言ってくれました。それ以降、彼は一度も遅刻することはありませんでした。そんな彼は現在、プロ選手としてサッカーを続けています。この点だけで彼がプロ選手になれたとはもちろん思いませんが、親の関わり方で才能ある子供が間違った方向に行ってしまうこともあるのだと感じました。(杉崎)

3 ┃ ドイツサッカー育成大改革

■ W杯、EUROの結果が大きく影響

　ドイツ代表は、2022年W杯で18大会連続出場を果たしました。またクラブレベルでも2019-20シーズンにはバイエルン・ミュンヘンがUEFAチャンピオンズリーグ、2021-22シーズンはアイントラハト・フランクフルトがUEFAヨーロッパリーグを制するなどレベルの高さを見せています。そんなドイツサッカーですが、1994年、1998年のW杯では準々決勝敗退、2002年W杯では準優勝するも、UEFA欧州選手権（EURO）では2000年と2004年にグループリーグ敗退を喫し、低迷期から抜け出せずにいました。復活の兆しが見えたのは、2006年のW杯で3位になってからのことです。2008年EURO準優勝、2010年W杯3位、2012年EUROでベスト4と安定した成績を残すと、2016年には4度目のW杯優勝を飾ることに成功しました。低迷期を乗り越え12年をかけてW杯の制覇まで上り詰めたのは、ドイツが取り組んできた「ドイツサッカー育成大改革」の成果だったのです。

　2000年EUROで、グループリーグを未勝利で敗退するという史上初の屈辱を味わったことをきっかけに、ドイツサッカー連盟（DFB）は育成年代の改革に取りかかります。一番の目玉は1部・2部ブンデスリーガに所属するクラブに対し、同連盟が定めた基準を兼ね備えた育成部（NLZ）の保有義務化です。そして2007年からはドイツサッカー連盟、ドイツサッカーリーグ機構（DFL）、ベルギーのダブルパス社が共同でさらに細かい評価基準を作成し格付けを行いました。クラブの評価を1から3の段階に分けて星印を授与する制度を導入したのです。星の数が多いほどDFBから補助金の額が多くなります。同時に、この頃からトルコ系、ポーランド系、アフリカ系など外国にルーツを持つドイツ人選手の発掘も進めていきました。これらの改革の結果、マヌエル・ノイアーやメスト・エジル、ルーカス・ポドルスキ、フィリップ・ラーム、マリオ・ゲッツェなど豊富なタレントを生み出しました。彼らが主力となった2014年のW杯で優勝を飾ったのは、何よりの証しとなったことでしょう。このように育成年代改革

は成功しましたが、新たな問題も発生してきています。

　NLZが構築された結果、技術力の高い選手が育った一方、特別な選手が出てこなくなっています。それは特にフォワードのポジションで見受けられるようになっています。これまでゲルト・ミュラーやルディ・フェラー、ユルゲン・クリンスマン、オリバー・ビアホフ、ミロスラフ・クローゼといったいわゆる点取り屋は存在しましたが、現在の代表にはストライカーがいないと言われています。2018年ロシアW杯でグループリーグ敗退という結果に終わったことからも、エースストライカーの不在は顕在化しました。それは各クラブが補助金欲しさに審査に縛られてしまい、独自の育成方針を見失ったことが要因だと考える関係者もいます。

　危機感を覚えたDFBは様々な面でさらなる改革に着手することを決意します。指導年代のスペシャリストを作るためのライセンス制度導入です。DFBの関係者は「指導者は年代に合ったメソッドや知識を身につけることが必要になってくる。例えば育成年代では選手の成長を第一に考え、プロの世界では試合に勝つことが最優先事項というふうにね」と理由について説明しています。VfLヴォルフスブルクでスポーツディレクターを務めるマルセル・シューファーも「我々はU-10、U-15、U-19、U-23 というように各年代を正しくトレーニングできるプロフェッショナルを必要としている」と改革に期待をしています。ちなみに、2023年現在、57クラブ（ブンデスリーガ以外に3部12クラブ、4部8クラブ、5部1クラブ）がNLZとして認められています。

　ピッチ内の改革も2024-25 シーズンより大幅な変更が行われることが2022年3月11日のドイツサッカー連盟会議で決まっています（図13）。

　DFB副会長のロニー・ツィンマーマン氏は「新しい改革で子供たちはたくさんボールに触れる時間を得ることになる。その結果として、彼らが積極的にサッカーをするようになり沢山のゴールを決めることになる。それゆえに、スモールコートで小さなゴールを使い、少ない人数の子供たちが、自由に入れ替えのできるゲームをする必要がある。結果として個々の成長を助けサッカーへの興味を強くさせ、長期的にサッカーと関わりを持ってくれるようになると確信している。また指導者のコーチングを減らし、子供たちが自分で決断する能力を育

カテゴリーG（6歳以下）

カテゴリーG（6歳以下）では、ピッチが縦16～28m、横20～22mを推奨し、2対2や3対3で4つのミニゴールを使用する。右図はサンプル。

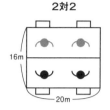

2対2

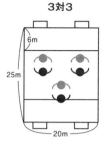

3対3

カテゴリーF（7・8歳）

カテゴリーF（7・8歳）は、3対3が推奨され、ピッチの大きさは縦25～28m、横20～22m。代替として5対5での試合も容認され、その際は縦40m、横22～25mで行われる。3対3の場合は4つのミニゴールを使用する。右図はサンプル。

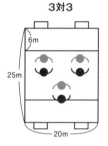

3対3

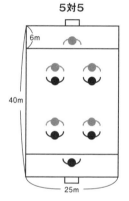

5対5

カテゴリーE（9・10歳）

カテゴリーE（9・10歳）では5対5が基本的に推奨される。7対7も容認され、その際は縦55m、横35mで行われる。右図はサンプル。

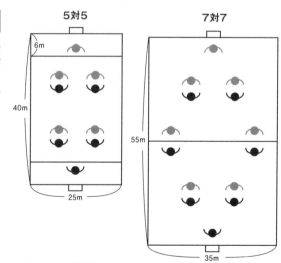

5対5　　　　7対7

図13　低学年代の各カテゴリーにおけるDFBの指針

てる。彼らはより自ら解決策を考える必要が出てくる。こうして子供たちは多くの試合をすることで勝利や敗北にどのように向き合えば良いのかも学ぶことができる」と話しています。

　ピッチを小さくすること（スモールコート）が、近年議論となっている問題の解決にも役に立っています。それが低年齢でのヘディング対策です。ヘディングによる将来的な脳へのダメージを不安視している国があり、イングランドでは12歳以下のヘディングを禁止しました。ドイツサッカー連盟メディカル部門は「幼少期のヘディングに関しては注意深く見守る必要を感じている」と声明を出している一方で、ヘディングを禁止する方向には動いておらず、むしろ将来的な怪我を防ぐためにも必要であると考えています。
　ゴールキーパーがいる必要のないミニゴールを設置したスモールコートを使い、スローインやゴールキックのルールをドリブルインに変更することで、ボールが空中にある時間がかなり減少し、結果としてヘディングの回数が減ることにつながると考えているのです。
　なお、ヘディングの練習をするときには、以下の対応が推奨されています。

・柔らかい軽量なボールを使用すること
・パートナーはヘディングをする選手に向かってボールを蹴るのではなく、
　手で優しく投げること
・ヘディングの練習は短時間で終わらせること
・ヘディングの練習後は十分な休養をとること

　今回の大改革は選手、親、指導者そしてクラブにとって有益なものになるでしょう。選手たちにとっても、固定ポジションがないことで新たな可能性を見つけることができ、成長につながるはずです。そして何よりプレー時間の増加は選手だけでなく、応援に来ている親御さんたちにも大きなメリットとなります。指導者にとっても、選手の人数が少ない状況でも試合に参加することが可能になり、多い場合でもピッチが何面も作れることから、結果として、試合会場に連れて行った子供全員を試合に出場させることができます。

このように沢山の子供たちが試合会場に足を運ぶことで、クラブが運営する売店が繁盛して、売上金を育成に還元することができます。試合に出る喜びを知った子供が友達にサッカーの楽しさを伝えることで他のスポーツをやっている子供たちがサッカーに興味を持ってくれる可能性も広がるでしょう。今回の改革は主に小学校低学年にスポットが当たっています。彼らが主力となる約10年後にひとつの答えが出ることになるでしょう。

■ 勝利か？　育成か？　ドイツの育成が抱える問題

　育成年代にとって最も重要なのは選手一人ひとりの成長です。
「2003年からドイツサッカー連盟はNLZ制度を進め育成改革に努めてきた。指導者のレベルも上がり、それに伴い選手たちのレベルも上がっていったのは事実。しかし近年、NLZが星の数ばかりに気を取られるようになっている間に、選手たちのメンタリティが阻害されていったように思えるよ」
　ドイツの育成に長年携わってきたアンドレアス・ヴィンクラー氏はこのように語ります。現役時代はバイエルン・ミュンヘン、ハノーファー96、VfLヴォルフスブルクなどでプレーしています。引退後はNLZで育成部長を務めメスト・エジルなど多数のプロ選手を育ててきました。その後はドイツのプロクラブでスポーツディレクターを務めています。イングランドプレミアリーグでも指導経験のある人物です。
　2000年EUROでのグループリーグ敗退の屈辱から一転、「ドイツサッカー育成大改革」以降、ドイツサッカーのスタンダードが高くなっていき、連盟が整備したNLZ制度に加盟するために、各クラブは努力をしてきました。選手たちをきめ細かに指導するためにたくさんの指導者を雇用することが求められたり、理学療法士を複数雇ったり、スカウト部隊やビデオ分析チームを設置整備することも求められたようです。トレーニングのために複数のグラウンドを所有することや、フィットネスルーム、選手が怪我をした場合の治療室、サッカー以外のことであれば、学校の勉強をサポートするための先生や勉強部屋の設置なども必要とされました。
「クラブのあらゆる部分にドイツサッカー連盟からのチェックが入るようになった。そこまではすごく良かったし、ポジティブな結果が出て、たくさんの選手た

ちが大きく成長した。2014年W杯優勝という結果は、NLZ制度の集大成だと言える」

ただし、冒頭での指摘にもあるとおり、ダブルパス社の査定によって獲得できる星の数がクラブにとって重要になっていました。星をもらえるかどうか、もらえるならいくつもらえるのか、ということにばかりエネルギーを注いでしまうようになっていたのです。星の数がプロサッカークラブ育成部の絶対的価値だと、どのクラブも受け止めていました。星の数でDFBからの補助金の額が決定することも影響しています。

ヴィンクラー氏は言います。「NLZの指導者はスポーツ大学の学生ばかりだよね。そして、その指導者たちは皆、いつかブンデスリーガで監督をしたいと思って野心に溢れている。彼らは育成部長が言うこと、望むことをやるし、申請用紙の処理が上手いし、そういう人間が上の段階にいける。（そもそも）これも問題だと思う。育成部長から言われたこと、望まれたことだけをやる若い指導者ばかりだ。個性を潰された若い指導者たちは皆20代で独身。だから少ない報酬でサッカーコーチをできるけど、それをいつまでも続けられないから、終わりがきてしまう。そんな指導者が、子供たちをトレーニングするわけだから、子供たちが個性を失っても不思議ではないよね」

また、ヴィンクラー氏は子供たちの個性が失われている要因について、〝今〟の時代における子供たちの環境が一理あると考えています。

「NLZ制度が整備されて、たくさんの選手が高いレベルに到達してきたけど、特別な選手が少ないというのは事実。NLZ制度がたくさんの選手の個性を壊したんだと思う。個性を伸ばすのは自由だと思う。エジル、ノイアー、ドラクスラー、カイ・ハーベルツなどは、比較的NLZに近い場所で生まれ育っていた。彼らは、トレーニングへ通うための往復時間が短くて済んでいたんだよ。子供の個性は、アウトバーンを走る車の中で、消えていくよ。精神的にも肉体的にも移動することの負担は大き過ぎる。もちろん全員に当てはまるとは言わないが、子供はいつも強制されてしまう。両親がそう思っていなくても、強制している可能性もあるし、子供はそれについてNOとは言えない。母親が車に乗り込み、彼を待っているんだよ。たとえ今日は（子供本人が）休みたいと思っても、口には出せないし、監督にならなおさらだよ。選手たちをそういう状況に

追い込んでいるケースは少なくないと思う」

　近年、子供のためにと思って親が夢に投資をする話はサッカー界でも大きな問題となっています。たとえビッグクラブが遠方にあったとしても、子供の才能を信じて所属させ、生活費を削ってでも子供のために投資をするのです。数年後に、プロサッカー選手として栄光をつかむことができればよいですが、それはほんの一握りの話です。親にもコーチにもNOと言えずに、サッカーを続けていることが子供の個性を壊している可能性もあるのです。

　こうした育成環境の課題にあわせて、2014年のW杯優勝以降に言われ続けているのが、〝ストライカーの不在〟です。

　ドイツ代表には古くから絶対的なストライカーがいました。ウーヴェ・ゼラー、ゲルト・ミュラー、カール＝ハインツ・ルンメニゲ、ユルゲン・クリンスマン、オリバー・ビアホフ、ミロスラフ・クローゼなどその系譜は脈々と受け継がれてきました。絶対的なエース不在が囁かれる中挑んだ2018年ロシアW杯の結果は、1勝2敗でした。3試合2得点（グループ内最少）で決勝トーナメント進出を果たすことができませんでした。

写真：picture alliance/アフロ

1970年メキシコW杯で、チームのエースとして躍進したゲルト・ミュラー（左）とウーヴェ・ゼラー（右）。

「ゲルト・ミュラーやルンメニゲ、ウーヴェ・ゼラーは、テクニシャンではなかったけど、それでも本能とエゴイズムでサッカーをしていたんだと思う。彼らはただただ得点をしたかっただけ。フォワードにとって最も大切なことは得点をすることだからね。例えば、先に名前を挙げた偉大な選手たちは、いまプロサッカークラブで行われているようなモダンなトレーニングには一切の興味を示さなかったと思う。私が現役時代のトレーニングと言えば、『ウォーミング・アップ→シュート練習→ゲーム→スプリント』が一般的だった。偉大な選手たちは理論に縛られずに、本能でサッカーを楽しんでいたんだよ。ミュラーやルンメニゲたちが今の時代に生まれていたならば、彼らは偉大な得点王にならなかったと思う。なぜなら、プロサッカークラブの育成部で行われるトレーニングは、パス回しばかり。ドイツサッカーはスペインのティキ・タカを見本としてパス回しばかりを行い、ボールを保持することが目標になっていった。丁寧なパス、左右両足でのパスの訓練ばかりをして、いかにエレガントにパスを回せるかがテーマになってしまっている。もしゲルト・ミュラーが現代のトレーニングを受けたなら、おそらく彼の才能を削いでいたはずだよ。昔のドイツサッカーは全く美しくなかったよ。それでも多くの試合に勝利していた。ゴールキーパーと3人の攻撃の選手たちで試合を決めていた。それ以外の7人の選手たちは、ひたすら走り続けた。現代サッカーでは、たくさんの理論があるが、昔はこういうチーム構成とツバイ・カンプ（守備における1対1の場面を意味するドイツサッカーの言葉）が重要な意味を持っていたんだよ。チーム構成やフォーメーションなどは変わったけど、ツバイ・カンプは今でもドイツサッカーの最も重要な要素のはずだ」

　オランダやスペインから波及した現代のポゼッションサッカーが、ドイツ代表にとってはストライカー不在の要因のひとつになっているのかもしれません。

　常に進化を遂げていく現代サッカーにおいて、個性を失わずに選手をどう育てていけばいいのか。長年サッカーの育成に携わってきたヴィンクラー氏は、育成年代の指導について、こういった見解を持っています。

「私の場合、勝利と育成のバランスについてはとても注意を払っていたよ。たとえばロート・ヴァイス・エッセン（RWE）でアカデミーの責任者をしていたときは、14歳までは結果を重要視しなかった。9歳から14歳まではノルトライン＝ヴェストファーレン州内にあるプロサッカークラブだけが参加する独立リーグ、

レヴィアカップに参戦しているけど、このリーグには優勝はあっても、降格はないからね。だから絶対に勝利を求めることはなかった。負けても、勇気溢れるサッカーをしていたならば、それは勝利以上の価値のあるものだと指導者たちに賛辞を送っていた。U-15からは、ドイツ国内で常にトップリーグに参戦しなくてはいけなかったし、負けても良いとは指導者たちに言えなかったよ。育成部からトップチームに選手を送り出すには、U-15もU-17、U-19もブンデスリーガに参戦しなくてはいけない。降格すれば、良い選手は絶対に他のクラブへ移籍してしまうから。それはクラブにとって大きな損失になってしまうので、勝利と育成のバランスについては常に考えていた。良い選手をトップチームに送り出すには、才能のある選手をサポートできる選手の存在も大切になるから、RWEも常にトップリーグに参戦しなくてはいけなかった。

育成年代で求められる指導者は、自分らしさを持っていることであり、信頼できる、信頼される人間であるべきだ。何をどのように伝えるのかがわかっていて、子供を好きかどうか、喜びを持ってトレーニングに取り組めるか、サッカー哲学をトレーニングに落とし込めるか、すべての選手に注意を払えるか、選手の成長をサポートしたいか、そして良い練習をできるかではなく、選手が実際に成長できるのかどうかだ。極論をいえば、単純な練習をしても、選手たちが成長するならそれで良いと思っている」

しかし一方で、試合になると勝利を重視した戦い方をすることもあります。ドイツ国内では地方によって試合に対する取り組み方に違いが出ています。

2021年8月にドイツ西部の都市ボーフムでU-11の大会が行われました。ドイツ各地域からブンデスリーガクラブが参加した同大会は、どの試合もレベルが高く非常に盛り上がりました。そんななか、バイエルン州から参加したSpVggグロイター・フュルト（トップチームはブンデス2部所属）の育成部長がVfLボーフムと対戦している際、「ルール工業地帯では、勝負にこだわるんだね。何が何でも試合に勝とうとするね」と言葉を残していました。ルール工業地帯では、勝利が優先されることが多くあります。一方、バイエルン州では「育成が優先」されるのです。「結果は重要じゃない。余計なプレッシャーを受けずに、選手たちがしっかりと伸び伸びと成長していけることが最も大切なこ

とだよ。うちのコーチたちも、大声を出さずに落ち着いているだろう?」と淡々と話していました。

またかつて宮市亮選手が在籍していた北ドイツの名門クラブであるFCザンクトパウリの女性監督、ニコラ・エブレヒトさんもハンザ都市とルール工業地帯のサッカーに大きな違いを感じたようで「ブレーメンや、ハンブルガーSVと試合をしても、あんなに熱くはならないわ。(ルール工業地帯のクラブは)激しく体をぶつけてくるし、彼らの勝負へのこだわりには、驚きしかないわ。私たちは勝利よりも、育成が優先されるの」と苦笑いしていました。同じドイツでも地方、場所によって試合に対する考え方が全く違ってくるのです。

■ 激戦地区、ルール地方の育成

ドイツ西部に位置するルール地方は、ルール川流域に広がる約510万人の人口と、4438平方キロメートルの面積を持つ大都市圏です(図14)。中核都市は、デュイスブルク、エッセン、ボーフム、ドルトムントです。ドイツのプロサッカークラブがひしめく地域で、みなさんも一度は聞いたことのある地名かもしれません。

もともとこの地方の地下には炭層があり、13世紀末頃から石炭の小規模な採掘がされていました。18世紀にエッセンで製鉄業が開始され、19世紀にはツォルフェアライン炭鉱(2001年に世界遺産登録)を中心にルール地方各地で石炭が掘られました。19世紀中頃には、炭鉱の数が300を超えたと言います。それに付随して製鉄所などが増加、発展したために重工業地域(ルール工業地帯)へとつながりました。この結果、ルール地方の人口が増えたのです。

ちょうどその頃、ドイツではサッカーが各地に広まり、盛んに行われるようになりました。映画『コッホ先生と僕らの革命』(2011年ドイツ公開)にもあるように、イギリス留学をしていたコンラート・コッホ先生が、1874年にブラウンシュバイクの高校に教師として赴任した際に、イギリス滞在中に出会ったサッカーを生徒たちに伝えたのが、それの始まりだという話です。人口が密集していたルール工業地帯では、炭鉱所ごとにチームが結成されていったようです。その後、2度の世界大戦がありながらも、ルール工業地帯でのサッカーの火は消

ノルトライン＝ヴェストファーレン州

ルール地方

図14　ルール地方

えることはありませんでした。

　ドイツは第二次世界大戦後、米英仏ソ（アメリカ、イギリス、フランス、ソ連）の連合国軍に占領されました。この戦争での人的被害は500万人を超えるものだったとされています。連合国の初期ドイツ占領政策は、欧州最大の重工業地域であるルール工業地帯を国際管理下におくことで、工業生産力を破壊してドイツを農業国へ転換すべきというものでした。敗戦から数年間のドイツ国民の生活はとても困難なものでした。国土の荒廃により住居不足が発生し、同時に食糧不足も国民の生活を苦しくさせました。戦争によって喪失した領土、東部ドイツ地域から追われてきた人は1000万人以上に上ったといいます。この引揚者のうちの約800万人が、西ドイツ地域に定住しました。この急激な人口増加は、戦後の一時期のドイツをさらに厳しい状況へと追い込みました。

　しかし、ドイツは1950年代に奇跡の経済復興を成し遂げるのです。戦後米ソの対立が深まる中、アメリカは西欧諸国の再建を目指し、1947年に当時の国務長官マーシャルが復興計画を発表するのです。それが「マーシャルプラ

ン」です。翌年からは、ドイツへの資金援助がスタートし、西ドイツを中心とした政治・経済の立て直しを遂行しました。それまであった通貨、ライヒス・マルクが廃止になり、ドイツ・マルクが導入され、アメリカからの膨大な資金援助により、計画は順調に進んでいきました。第二次世界大戦前のドイツは、すでに高度な資本主義工業国で、連合国側の度重なる空爆にもかかわらず、爆撃による生産設備の被害は最小限だったのです。もともとルール工業地帯という重化学工業の多く集中する地域があったからです。

　このルール工業地帯には、多くの雇用機会がありました。当然ながら、たくさんの人たちが、職を求めてこの地域へと移住しました。1950年代末には、失業者がほぼいなくなり、完全雇用状態になったとされています。このルール工業地帯にたくさんの人が定住することにより、必然的にサッカーを楽しむ人口も増え、同時にサッカークラブも増加していきました。

　さらには、1954年のスイスW杯で西ドイツが初優勝を果たしたことが、ルール工業地帯におけるサッカーの炎に油を注ぎました。ハンガリーとの決勝戦で2得点をしたヘルムット・ラーンはエッセン出身で、ロート・ヴァイス・エッセン所属の選手でした。ルール地方の人たちは優勝を期待していませんでしたが、地元の英雄の活躍が仕事に追われる毎日への新しいエネルギーとつながったのです。

　約1000m下に潜り、命を懸けて仕事するルール工業地帯の人たちにとって、仕事終わりに行うサッカーは特別なものでした。サッカーはお金のかからないスポーツです。サッカーボールがあれば、それ以上に何も必要なかったのです。その後、サッカー人口とクラブ数の増加に並行して、サッカー場も急増しました。人々の情熱は、サッカーをするだけにとどまらずに、しだいにサッカー場へと向けられたのです。サッカー場に客席とクラブハウスが設けられると、のちのち他のクラブよりも大きなサッカー場にしたいという思いになっていったのです。施設が立派になっていくにつれて、今度は我が町のクラブを強くしたいという人たちが増えます。そして、炭鉱会社が地元のクラブにお金を出して、選手を集め出したのです。

　こうしてボルシア・ドルトムント、シャルケ04、VfLボーフム、MSVデュイスブルク、ロート・ヴァイス・エッセンなど、どのクラブも規模を大きくしていき、ルー

ル地方のサッカーは発展していったのです。

　ルール地方も属するノルトライン＝ヴェストファーレン州には、1.FCケルン、バイヤー・レバークーゼン、フォルトナ・デュッセルドルフ、ボルシア・メンヘングラッドバッハ、アルメニア・ビーレフェルト、SCパダボルンなど多数の強豪クラブが存在します。

　ドイツの育成年代でも公式のリーグ戦があり、U-15、U-17、U-19に関して言えば、トップチームと同じように全国区のリーグが行われています。U-15であれば6つの地区（北部、南西、バイエルン、北東、南、西）、U-17とU-19では3つの地区（北・北東、南・南西、西）に分けられています。とりわけ西地区が、ノルトライン＝ヴェストファーレン州の強豪クラブがひしめくことから、最激戦区と言われています。

　前述にもあったように、育成年代でも「ルール地方のクラブは勝負にこだわる」からこそ、凌ぎを削り合うリーグとなるのです。そのなかでもロート・ヴァイス・エッセンのU-15は、ここ20年間西地区のトップ（1部）リーグから降格したことがありません（通常15チームが参加し、下位3チームが降格）。長年指揮してきた育成部のウド・プラッツアー氏は、このように話します。

「シャルケ、ドルトムント、ボーフム、ケルン、レバークーゼン、グラッドバッハなどのトップ選手を抱えるクラブと対戦するときに重要なことは、メンタリティです。私たちは、ビッグクラブとは違い、ハイレベルな選手をスカウトすることができません。だからこそ、強いメンタリティを持った選手を集める必要があるのです。またチームを機能させることも重要なひとつです。育成部長との信頼関係や、選手たちを支える監督やアシスタントコーチの存在も重要なキーになります。もちろん、これまでに降格をぎりぎりで免れたこともありましたが、強豪クラブに対して、私たちのチームが（クラブ関係者、スタッフ、選手など）一丸となって戦ってきたことが、こういった結果につながっているかもしれません。私たちは、ハートと情熱でサッカーをするのです」

　しかし、ルール地方の育成において、どのクラブも勝利を目指す中で、長年同地区の育成を見てきたからこそ、「最近になって違和感を覚える部分がある」とウド氏は言います。

「残念ながら、最近は経験の浅い未熟な指導者たちが新しい仕事のスタイル

を持ち始めました。私の意見として
は、彼らが経験のある指導者から
多くのことを学ぶべきです。人間と
しても多くの経験を積んで成長しな
くてはなりません。しかしながら、
最近の若い指導者は、すべての知
識を持ち合わせ、何でもできてしま
うと考えているようです。また、選
手の成長という点に目を向ければ、
ビッグクラブに集中型の選手獲得に
も疑問を感じます。確かに、シャル
ケやドルトムントはプロフェッショナ
ルな環境が整っています。ただ、そ
ういったビッグクラブは、育成部で
も毎シーズン新しい選手をたくさん

ロート・ヴァイス・エッセンの育成部で長年指
揮を執るウド・プラッツアー氏。

かき集めてきます。その目的の多くが、控えメンバーの補充です。そのシーズ
ンに集められた選手も、1年後か2年後には切られてしまう現状です。指導者
たちは、ただ昨季よりも良い成績にしたい、優勝争いをしたいだけしか考えて
いません。選手一人ひとりにもっと向き合うべきだと思います。なかには、成
長するまでに時間がかかる選手もいるでしょう。私たちは、選手を観察すると
きに、その選手に何ができて何ができないのかを見極める必要があります。足
りない部分を私たちがトレーニングし、サポートすることでそれを補えるのかを
考えなくてはなりません。特にビッグクラブでは、本来の育成という目標からか
け離れていることが行われていると私は思います。グロイター・フュルト（トッ
プチームはブンデスリーガ2部、育成部はDFBより優良育成クラブとして三ツ
星を獲得したこともある）では、U-9でスカウトした選手たちを最低でも4年間
責任を持って指導しています。もちろんU-9でスカウトする際には、厳しい目
でチェックをします。彼らがU-12まで無事に成長できるかどうかを見極められ
るのです。ここでスカウトされた子供たちは4年間という落ち着いた時間を与え
られるのです。一方ルール地方の多くのプロクラブでは、選手たちは1年間と

いう時間しか与えられず、プレッシャーに苛まれながら、サッカーをしなくては
ならないのです。そして、その間にスカウト部隊は、他のクラブで育成された
選手を探し続けるのです」

　ルール地方特有の問題は、クラブや指導者側からだけのものではありません。サッカーをする子供たち、そして彼らをサポートする親にも問題があります。常にビッグクラブへの移籍を考えながらサッカーをしている子たちばかりです。クラブとの約束を反故して、シーズン半ばで簡単によそのクラブへ移籍していくのは、この地域で頻繁に見られる現実があります。

■ ゲーゲンプレッシングの成り立ちと育成への落とし込み

　ドイツが2000年以降、タレント発掘や選手育成において改革を行ったのは前述の通りです。2009年U-21欧州選手権で優勝した際には、GKマヌエル・ノイアー、DFマッツ・フンメルス、イェロメ・ボアテング、MFサミ・ケディラ、メスト・エジルがおり、その下の世代にはMFトニ・クロース、トーマス・ミュラーがいました。後に彼らは2014年のブラジルW杯で優勝の主軸を担うこととなります。しかしながら、2018年のロシアW杯ではグループリーグ敗退という衝撃的な事実に直面し、さらには2020年のEUROでは決勝トーナメント1回戦で敗退するなど、ネガティブな結果や話題があることも事実であり、再び早急な改革の必要性が求められています。

　サッカーは、新たな戦術に対抗すべく次々と攻撃や守備方法が改善されていきます。ゲーゲンプレッシング、5レーン、ハーフスペースなど、現在のドイツサッカーを学び、理解するにはたくさんの用語を理解し、さらには新たなトレーニング理論も実践できる必要があります。

　特に「ゲーゲンプレッシング」は、ドイツサッカーにおいて確立された戦術です。今では、日本でも当たり前のように使われている言葉で、「ドイツのサッカーと言えばゲーゲンプレッシング」と日本のサッカー番組やメディアでよく例えられているのを目にしたことがあるかもしれません。

　そもそもゲーゲンプレッシングとは、どういった戦い方なのでしょうか。プレッシング自体は、相手が計画・準備してきた攻撃をあるスペースへと誘導し、ボールを持った相手選手に対して2対1の状況を作り出しボールを奪うことを目的と

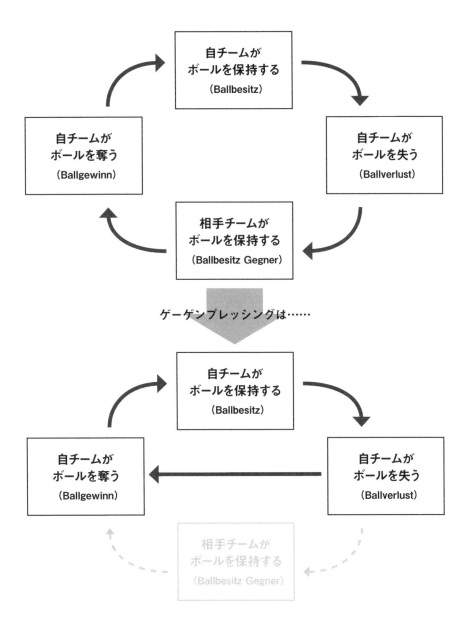

＜サッカーにおける４つの状況＞

図15　ゲーゲンプレッシングの基本

します。一方で、ゲーゲンプレッシング は、ボールを保持し攻撃を仕掛けている段階から、常にボールを失ったときのための準備をし、ボールを失ったその瞬間に、その場でボールを奪い返すことを狙ったスタイルです（図15）。

　現在マンチェスター・シティで指揮をとるジョゼップ・グアルディオラ監督は、ゲーゲンプレッシングを「計画されたボールロスト」と表現しています。

　もし、相手ゴールの目前でボールを失ったとしても、即座にその場でボールを奪い返すことに成功すれば、得点チャンスに再度つなげることができます。たとえそれで得点を奪うことができなかったとしても、相手チームのカウンター攻撃を防いだことになります。それは、失点の機会を未然に防いだことを意味します。

　ボールを保持し攻撃を仕掛けるときに、多くの場合に相手は最低でも選手を1人余らせてきます。つまり攻撃の際には数的不利の状況が多いものです。それゆえに常にボールを失うことを前提に攻撃を仕掛けなくてはなりません。

　例えば、得点を奪うために楔のパスをセンターフォワードに入れたとします。しかし、これを相手の守備陣に奪われました。この瞬間、ボールを保持しているのは相手チームです。この時間を最小限にし、ボールを奪い返して、再び攻撃へと転じるか、もしくは相手のカウンター攻撃を阻止します。もし、ここでボールを奪い返したなら、相手チームは攻撃へスイッチを入れたばかりで、守備ブロックは整備されていません。この瞬間をさらなる攻撃で相手ゴールへ向かうのです。

　ボールを失った直後にすぐ奪い返せば、相手がボールを保持することはありません。これがゲーゲンプレッシングの基本です。

　指導者でありながら、プロフェッサー（教授）の異名を持つドイツ人のラルフ・ラングニックがゲーゲンプレッシングを確立したと言われています。

　自身は選手としてのプロキャリアはなく、若くして指導者へ転身すると、そこからその才能を開花させ多くのクラブで成功を収めたのです。1980年代当時、ドイツではまだリベロを置いたマンツーマンディフェンスがメインでした。しかし、イタリアでは多くのチームが4バックとゾーンディフェンスを採用し固い守備で勝利を狙うサッカーが行われていました。ドイツではこの4バック、ゾーンディフェンスに懐疑的な意見を持つ指導者が多かったのです。

　そのような時代に、ラングニックはイタリアの名将アリーゴ・サッキの守備を研究し、マンツーマンディフェンスを放棄したのです。当時、ラングニックのもとでサッカーをしていたトーマス・トゥヘルはこう話します。「あの頃ドイツは、守備の選手が常に相手フォワードの後ろをついてまわっていました。マンツーマンの守備が当たり前の時代でした。しかし、彼はその必要性が全くないことを説明してくれたのです。4バック、ゾーンディフェンスで守備ができることを教えてくれました。彼の教えのすべてがとても新しいものばかりだったのです。彼の教えを受けてからの私は、テレビでサッカーを見る際に、見る目が変わりました」

　1998年にラングニックは3部リーグに参戦していたSSVウルム1846を2部リーグに昇格させると、ゾーンディフェンスを応用したプレッシングサッカーで17試合負けなしという記録を作ったのです。

　そんな折、テレビのスポーツショーに出演しました。そこで「プレッシングとは何か?」を、戦術板を使用して誰にでもわかるように説明したのです。マンツーマン守備にこだわり続けた多くのドイツ人たちが、この彼の簡潔なテレビ講義に感銘を受け、のちに皆が彼をプロフェッサーと呼ぶようになったのです。

　その後プロフェッサーは、VfBシュトゥットガルト、ハノーファー96で監督を歴任し、VfBシュトゥットガルトをDFBポカールでは準決勝に導き、UEFAカップでベスト16へ躍進させると、ハノーファー96では、チームを1部リーグに昇格させる手腕を発揮したのです。

　その頃のドイツサッカー界では、2004年にドイツ代表監督であったルディ・フェラーが辞任をすると、後任にユルゲン・クリンスマンが代表監督の座に就いていました。当時のクリンスマンは、自身が目指すサッカースタイルについてこう語っていました。「我々はボールを失った際に、守備ブロックを下げてオーガナイズしボールを狙うことはしない。ボールを失ったその場で、即座にボールを奪い返しに再び攻撃へ向かいたい」

　このとき、クリンスマン側からラングニックにコンタクトがあったのですが、ラングニックは、このオファーを拒否しました。おそらくクリンスマンは、自身が描くゲーゲンプレッシングを具現化できる人物はラングニックだと考えていたのでしょう。ラングニックがこのポジションを拒否したことで、ヨアヒン・レーブがア

シスタントコーチに就任しました。

　その後、ラングニックは、FC シャルケ 04、TSG ホッフェンハイム、RB ライプツィヒで自らが描くゲーゲンプレッシングを追求し確立していきました。

　2021 年、全盛期の勢いを失ったマンチェスター・ユナイテッドはクラブの再建をラングニックに託しました。地元のメディアも多くのファンも、彼の存在を歓迎したのです。彼のこれまでの功績と常に前へ向かうアグレッシブな守備を見せるゲーゲンプレッシングサッカーに大きな期待を寄せたのです。イギリスメディアは、彼のことを「ゲーゲンプレッシングのゴッド・ファーザー」と表現しました。

　このとき、リバプールのユルゲン・クロップ監督は、ラングニックがマンチェスター・ユナイテッドの監督に就任することについてこう話していました。「ユナイテッドはすぐに整備されるでしょう。私たちはそれをすぐに実感するはずです。これらのことは私たちにとって明らかに悪いニュースです」

　ところがラングニックは、マンチェスター・ユナイテッドとの契約を半年間強という時間で終えると、オーストリア代表監督の座に就任しました。決して強豪国とは言えない国での新しい挑戦です。

「私は常に、相手チームにプレッシャーを与えます。ピッチの、どの高さであってもです。相手陣内の深い位置ならなおさら良いでしょう。ボールがあるところなら、どこでもそれを奪い返しにいくのです。ロケーションの問題ではありません。そこでは、強烈さと激しさをテーマにしているのです。ボールを奪いにいくその瞬間に、より激しくアタックに行くということは、ボールを奪った後の我々のカウンター攻撃に、さらなる激しさとスピードを加えることができるのです。より強烈な激しさを持ってボールを奪えば、より大きなチャンスを作り出すことができることを意味しているのです」

　これがラングニックの考えるゲーゲンプレッシングです。ラングニックサッカーで頻繁に見られる現象は、激しい体のぶつけ合い、多くのスプリントです。ファウルが多くなったり、ボールがラインを割ったりします。それゆえに試合が頻繁に途切れます。自身のスタイルを「イクストリーム（極限の）・プレッシング」と表現することもあるほどです。

　ラングニックがスポーツディレクターとして在籍していた RB ライプツィヒでは、

U-8 チームからすでにゲーゲンプレッシングのトレーニングが行われていたと言います。しかし一方で、こういった意見もあります。ライプツィヒで 3 年間ゴールキーパーコーチを務めた経験のあるマルコ・クノープ氏はこう言います。「私の意見としては、こんなに早い段階からゲーゲンプレッシングを教え込むのは、正しくないと思う。小学校低学年（8 〜 10 歳）のサッカーでは、戦術を鍛えるトレーニングよりも、基礎技術や創造性を磨くトレーニングを重要視するべきだと思う。低学年のうちから戦術練習ばかりしていたら、自ら答えを見つけて解決する力を備えることができなくなるだろう」

　多くのプロクラブが存在するノルトライン＝ヴェストファーレン州でも、毎週末にプロクラブの育成年代のチームが熱い試合を繰り広げていますが、彼らまでもが常にそれを実行しているわけではありません。状況に応じ、ひとつの方法として取り入れている、というのが現状です。

　ラングニックの提唱・確立したゲーゲンプレッシングは、プレッシングの概念を変えるほど、現代サッカーに多大なる影響をもたらしました。とはいえ、あくまでも育成に通じるものではなく、様々な戦術やシステムが進化を遂げ、凌ぎを削るプロの世界でのスタイルに過ぎず、必ずしも「ドイツサッカー＝ゲーゲンプレッシング」ということにはならないのです。

小学生年代の試合だからといって、必ずしも審判なしにはならない現状

　ドイツでは、毎週末にたくさんの試合が行われます。それはブンデスリーガだけではありません。キッズから少年少女、仕事を持った社会人たちも男女を問わずに、週末にリーグ戦に参加するのです。しかし、年代が下がり、リーグ戦の競技レベルが下がると、時々ある1つの問題が発生します。審判が試合に来ないのです。

　ドイツ国内で行われるすべての試合をあらゆる人が自由に閲覧できる「FUSSBALL.DE」というサイトがあります。

　例えば、Aクラブがある日曜日にホームグラウンドでBクラブと練習試合をするとします。その場合、Aクラブは地域のサッカー連盟に「いつ何時にどこのグラウンドで試合をします、審判の手配をお願いします」と申請をします。するとほどなくして、その試合に関する情報が「FUSSBALL.DE」に掲載されるのです。試合開催日、キックオフ時間、試合会場の住所、そしてサッカー連盟からあてがわれた審判の名前などが閲覧可能になります。選手たちは、その試合に向けて準備をします。そして試合当日になると、キックオフの1時間前にもなれば、レフェリーも会場入りするものです。けれども、30分前になっても、10分前になっても、キックオフの時間が15分過ぎても、レフェリーは姿を見せません。レフェリーが断りもなく、何らかの理由で試合に来ないのです。そうなると、ゲストチームのコーチやお父さんが笛を吹くことになります。レフェリーが試合を裁くのではないので、ピッチの外からヤジがひっきりなしに飛んできます。もちろんレフェリーが笛を吹いていたとしても、ヤジは頻繁に聞かれますが……。

　また別の例では、試合の申請をサッカー連盟にする際、審判の手配をしても「FUSSBALL.DE」にいつまでたっても審判の名前が掲載されないことがあります。同じ日曜日にたくさんの会場で試合が行われるために、審判の数が不足して、その試合にレフェリーを割り当てることができ

ないのです。当然ながら審判は現れません。レフェリー不足になるほど、サッカーが人気スポーツなのか、それとも監督や親御さんたちに罵倒されるレフェリーの人気がないのかと考えさせられる出来事です。

それゆえに、小学生年代では初めから審判を呼ばずに、レフェリーの存在しない子供だけの試合です。レフェリーがいなくても選手が自主的にルールを尊重して試合を進行させるゲームスタイルです。それは、「フェアプレー・レーゲル（レーゲルはルールの意味）」と呼ばれています。サッカーをする子供たちが主役になり、ボールがタッチラインを超えれば、それを互いに認め合い、ファウルがあったなら、それを自主申告するのです。ドイツサッカー連盟も、この年代の試合スタイルとして推奨しています。試合時間だけは、指導者たちが管理します。

とはいえブンデスリーガの下部組織同士の試合になると「フェアプレー・レーゲル」で試合を進行させるのは、非常に難しいものです。特にルール工業地帯で行われるプロクラブ同士の試合では、ピッチ上の選手が熱くなるのはわかりますが、指導者の中には試合中に子供が下した決定に対し、あからさまに不平不満を示す人もいます。子供たちからすれば、大の大人が不満を示すのであるから、「僕らだって不満を口にするよ」となるのです。また、試合時間はホームチームがコントロールしますが、自分のチームが1点差で負けていようものなら、試合時間が過ぎても、平然とプレーを続行させるなど、「フェアプレー・レーゲル」の理念と現実には、いくらかの乖離があるようです。

ある年の夏、ルール工業地帯で行われた1dayのU-11世代の大会でも、その地域のサッカー連盟がレフェリーを派遣することができず「フェアプレー・レーゲル」で大会が実施されました。大会にはルール工業地帯のプロクラブのほか、ハンザ都市から参加したブンデスリーガのチームや、バイエルンから参加したプロクラブのチームもありました。たとえU-11の試合であっても、勝利を望むのがルール工業地帯のトップクラブです。「フェアプレー・レーゲル」で受け入れられない場面が見られると、青いジャージを着たプロクラブの指導者が、不平不満を口にする場面も

見られました。傍から見ると、非常にみっともないです。試合が熱くなればなるほど、ブンデスリーガの育成部のコーチでも、自身の制御ができなくなるようです。

　この「フェアプレー・レーゲル」に対して、ブンデスリーガで活躍する現役レフェリー、パトリック・イットリヒ氏は、このように話します。「フェアプレー・レーゲルは機能しないでしょう。初心者審判は、こういう試合から基礎を学ぶものです。レフェリーなしの試合では、親たちが虎のようにピッチ外を走り回り、監督がピッチ内へ駆け込み、自分のためだけに子供たちにゴールを要求する。こんな状況でどうやって、フェアプレーが生まれるのでしょうか？　私たちは、この件について早急に対処する必要があります。この年代でのリーグ戦でも、審判を担当させるのです」

　しかし、ドイツサッカー連盟は、2024-25シーズンから「フェアプレー・レーゲル」を実施したいとのことです。

　ドイツで実施されている「フェアプレー・レーゲル」を称賛するような話が日本でも聞かれますが、必ずしも、大人が子供の自主性を尊重できているわけではないようです。（福岡）

4 | 大学との連携でクラブ育成の強化

■ データ活用に欠かせない大学の存在

　近年、ブンデスリーガのクラブによっては、地域の大学と連携を図り、育成年代の選手の成長をサポートしています。ドイツ屈指の名門クラブであるボルシア・ドルトムントもそのひとつです。同クラブと提携関係にあるのは、ノルドライン＝ヴェストファーレン州のボーフム市にあるルール大学ボーフム（以下、RUB）です。1962年に創設されたRUBは、21学部80学科があり、学生数は約42,000人、教職員数が約6,000人のマンモス校です。

　同大学にルーツを持つサッカー関係者は多く、ボルシア・ドルトムントで監督を務めるエディン・テルジッチをはじめとするトップチームのコーチや下部組織スタッフ、映像分析官や心理サポートスタッフなど計30人以上が同クラブで活躍しています。

　協力関係の始まりは2018年10月まで遡ります。RUBがさらなる人材育成の向上のために、ボルシア・ドルトムントと協定を締結したのが最初でした。そして現在はRUBサッカー研究室のアダム・フリッツ講師と、ボルシア・ドルト

アダム・フリッツ講師（左）とラース・リッケン（右）。

ムントのアカデミーディレクターであるラース・リッケン氏（元ドイツ代表）が主導となって、育成の強化が推し進められています。

「この契約内容は、運動能力テストや映像分析、学生のリクルートなど合計7つの分野で協力関係を結び、最終的には競技力の向上と世界で活躍できる人格形成を目的としています。ドイツのユース年代のサッカーにはまだまだ可能性があり、選手育成だけにとどまらず、指導者の質を向上させるために、BVB（ボルシア・ドルトムント）とこれらのテーマについて合意したわけです」（アダム・フリッツ）

RUB側のメリットとしては、学生たちがボルシア・ドルトムントに所属するアカデミーやトップ選手たちのデータを活用し、自分たちの修士論文や博士論文に科学的課題をテーマにすることができます。また、インターンシップとして関係をもつことにより、卒業後にコーチや分析スタッフとしてクラブに就職できる可能性をつくるのです。

フリッツ講師のアシスタントを務めるジモン・フランク氏は、現場で選手から色々な数値を計測しています。例えば、ラクテート（乳酸）値やスプリント、骨密度などその範囲は多岐にわたります。フィールドプレーヤーだけでなく、ゴールキーパーにおけるリアクションの速さや跳躍力などのように、ポジションに適した測定も行われているようです。これらのデータは、RUB側では学生たちの論文の資料として使われ、ボルシア・ドルトムント側では指導者だけに共有されるのではなく、選手との面談の際の資料としても使われます。選手にも客観的な数字を提示することで、相互理解を深め次の目標へと指針を定めていくのです。翌シーズンも再びボルシア・ドルトムントのユニフォームを着てプレーするために、選手にとっては重要な情報となります。

また、ボルシア・ドルトムント側にとって、最先端の科学的なサポートを受けることができるというメリットもあります。リッケン氏は「私たちは、RUBと集中的に信頼して、そして確実に協力してきました。私たちの経験と共同プロジェクトは高い付加価値を持ち、RUBの科学的支援が近年のボルシア・ドルトムントの育成部門での成功につながっています。我々は、善良で野心的な協力を継続することを楽しみにしています」と成果を強調しています。また同氏は

「選手のスカウティングや選手を評価する上で、データを活用することは非常に重要だと考えています。ボルシア・ドルトムントとしても、理論的な知識をスポーツの実践の場に生かす機会を学生に提供することは、お互いにとって重要なことと考えているのです。長期的なトレーニングコンセプトの開発や、スポーツトレーニングにおける革新的なアイデアの開発にもつながると期待されています」と言います。

ただし、色々なテストを通じて数値化されたデータにも、それを具体的にどう実戦で生かすか難しい場合があるようです。

「例えば、認知能力テストで出された数値。これは、その日の体調や心理状況、置かれている状況など他の要因も含まれてくるので1つの数字だけを見て改善策を講じることは難しいです」（ジモン・フランク）

さらにフランク氏は、こう話します。「データを使うBVB側にも課題はあります。中には、我々の科学的分析を重要視しない指導者もいるのが現状です」

双方にとって多くのメリットがあるプロジェクトではありますが、改善の余地があるのも事実のようです。

このような協力関係は、ケルン体育大学と1.FCケルンなどでも行われています。また、3部リーグに所属するロート・ヴァイス・エッセンでもドルトムント工科大学との連携があります。

2018年から始まったドルトムント工科大学とロート・ヴァイス・エッセンのプロジェクトは、スプリントや跳躍力といった選手の運動能力数値に特化したテストが行われています。

「このプロジェクトの開始以降、アスレティックトレーニングが増えたことで、選手の全体的な運動能力値が向上しています。ただし、最大の目標は怪我人を最小限におさえることです。しかしながら、選手から得たデータを使い、良いトレーニングを提供しようとしても必ずしもそれが成功するわけではありません。今季（2022-23シーズン）でいえば、U-19チームでは多数の怪我人を出してしまいました。逆にU-16チームでは、筋肉系の怪我人は1人も出ませんでした。細かなデータをもとに、トレーニングをしても、監督、コーチなどスタッフチームが1つになって機能しないと最善の結果にはつながらないのが現状で

す」

　このように、ロート・ヴァイス・エッセンのスポーツ科学部門のリーダーであるマティアス・ゲゼンフエス氏は、データを提供する側と受け取る側の意思疎通の重要性を説いています。RUBとボルシア・ドルトムントの連携と同様に、指導現場と科学的分析が必ずしも最高の相互作用へとつながっているわけではないようです。

　とはいえ、データを可視化することで、選手の感覚だけに頼らずに明確な課題を浮き彫りにすることも可能になりました。知られるところで言えば、GPSを駆使することで練習中の走行距離、スプリントの数など各選手の情報を得ることができます。示された数値をもとに選手の疲労度合いを計算し、負荷と休息の調整を行い、怪我を予防することができます。しかしながら、まだ発展途上の部分もあります。RUBでは、2018年よりデータを蓄積していますが、実際に活かしきれていないものもあるのが実情です。現在、ドルトムントの育成部で活躍する優秀な選手たちのデータを5年後10年後の選手たちと照らし合わせることで新たに発見できるものがあるかもしれません。例えば、スプリントに特化した選手が、いつ・どこで・どのように才能を開花させることができたのか、それを知るための貴重なデータになる可能性を信じてプロジェクトが進められているようです。

　現在は様々な機器が開発され、AIが数値を出して処理してくれる時代です。スポーツ分析がこれからさらに発展していくことは間違いありません。収集したデータを処理し、指導者に行き渡ったときに、どう活かされるのかが大きなカギとなります。データが万能ではないツールである以上、最終決定を行う監督の資質も問われます。指導者の知識、知性、感性は磨かれ続けなければなりません。競技力向上と人格形成を目指すRUBとボルシア・ドルトムントのように、育成に対する探究に終わりはないのです。

CHAPTER 5

DEUTSCHE FUßBALLKULTUR

ドイツサッカー
最前線レポート

サッカー大国と言われるドイツであっても、W杯で良い結果を残せないこともあったり、育成面においてもまだ改善すべき課題があったり、すべてがパーフェクトというわけではありません。今後も、戦術やトレーニング、育成など、常にアップデートされていくことでしょう。ここからは、ドイツサッカーの〝今〟を知るために、長年現地で指導に携わる福岡正高氏と杉崎達哉氏による最新レポートをお届けします。

レポート①
パーソナルトレーニングが果たす役割

文：杉崎達哉

　サッカーにはチームを率いる監督の他にもアシスタントコーチやゴールキーパーコーチ、フィジカルコーチやメンタルトレーナーなど役割が細分化されています。そんななか現在ドイツではパーソナルトレーナーの需要が増えており、その存在は年々大きなものとなっています。

　私自身もドイツでパーソナルトレーナーとして活動している1人なので、プロを目指す選手はもちろんのこと、初心者や趣味でサッカーを楽しんでいるシニアまで、数多くの人がパーソナルトレーナーを必要としているのを実感しています。

　パーソナルトレーナーの仕事は多岐にわたりますが、一番の目的は選手の技術レベルを上げることです。教えている選手にもよりますが、指導は練習中だけに限りません。サポートしている選手が出場する試合があれば会場に出向きます。練習の課題が克服できているか、新たな改善点はないかを試合の内容からチェックします。もちろん、サポートしているすべての選手の試合をチェックできるわけではありませんので、そのようなときは試合の記録を確認するようにしています。技術レベルを上げるためには心理的なケアも欠かすことはできません。特に試合の出場機会を得られない選手や怪我で離脱している選手にとっては重要です。所属チームで戦力外となっているのならば、指導者にヒアリングして選手の改善点を助言してもらったり、時には移籍のサポートをしたりすることもあります。このように選手一人ひとりの気持ちに寄り添い、強い信頼関係を築くことを心がけています。

　ここで、私自身がパーソナルトレーナーになった経緯を話しましょう。

　ドイツで本格的に指導者として活動を始めたのは2011年のことです。

　それから約7年間、小学生から高校生年代まで、年代別のカテゴリーはすべて携わる機会に恵まれました。

　所属先のクラブも、地域リーグのレベルからボルシア・ドルトムントやFCシャ

ルケ04、1.FCケルンといった、ブンデスリーガの下部組織まで、すべてのリーグを渡り歩き、幸運なことにトップリーグ以外のすべてのリーグで優勝を経験し、2016-17シーズンにはフットサルの全国大会で優勝を飾ることができました。指導者として一定の実績を残すことができていたのです。ところが一方で、選手一人ひとりを成長させることができていたのか、という疑問が常に頭にありました。90分という限られた練習時間では、20人いる選手一人ひとりに対して十分な時間を割いて、丁寧に教えることは難しいものです。アシスタントコーチと手分けをすることもできましたが、それでも限界があります。ある冬季のシーズン中断期間には、クラブを去る選手やサッカーを引退してしまう選手がいました。選手との別れを経験するなかでも「自分の教え方が違っていたら、彼らの選択は違っていたものになっていたのではないだろうか?」と、いつしか自分の指導に対して懐疑的になっていたのです。

そんなとき、サッカーのパーソナルトレーニングの会社を設立した友人から連絡がありました。

「個別指導をやってみないか?」と私を誘ってくれたのです。

友人の会社は、ケルン体育大学で学んだ理論を実践で試すというコンセプトを掲げていました。ケルン体育大学といえば、スポーツ科学の分野ではドイツ国内屈指の研究機関です。友人はサッカーにおける「認知」の部分に着目して、状況を素早く把握し正しい判断を行える選手の育成を目指していました。その理念に私は共感しました。一方、これまでの指導で選手一人ひとりと向き合う時間がないことに悩んでいた私にとって、個別指導というのも、また魅力的でした。私はパーソナルトレーニングの門をたたき、トレーナーとして歩む決意をしたのです。

パーソナルトレーナーとして活動を始めた当初は戸惑いの連続でした。なにしろ、1人の選手と向かい合って1対1で練習をした経験がありませんでしたので、1回の練習時間(約60分)がとても長く感じられたものです。指導対象は目の前の1人だけですから、プレーの良し悪しを瞬時に判断して適格なアドバイスをしなければなりません。これは、とても難しい作業です。トレーナーの迷ったり、戸惑ったりしている態度は、選手に不信感を抱かせるからです。特に改善点があるときには伝え方に気を使いました。例えば練習に身が入らな

い選手であれば、いきなり叱責するよりも前に、その背景を考える必要があります。学校のテストの結果が悪かったかもしれませんし、友達と付き合いが上手くいっていないのかもしれません。こうした事情を知らずにトレーナーが頭ごなしに注意すれば、選手との関係性は崩れてしまいかねません。選手のメンタルコンディションも考慮して向き合ってこそ、選手との信頼関係は築くことができるのです。

　当然のことですが、パーソナルトレーナーは練習グラウンド以外での選手の様子を知ることができませんから、保護者とのコミュニケーションを大切にして、選手の日常生活をヒアリングしておくことも欠かせません。

　特にメンタルのケアが必要になるのは、レギュラーとして試合に出場できず控えに甘んじている選手です。試合会場に足を運んでコミュニケーションをはかるなど、トレーニング時間外であっても気にかけてあげることが重要になります。このように大変なことも多い毎日ですが、選手から「今日はゴールを決めることができた」とか「練習通りのことが起きたので、落ち着いて良いプレーができた」などのフィードバックをもらったときは、やはり嬉しいものです。

　いま私が担当している選手の多くとは3年以上の付き合いがあります。現在ボルシア・メンヘングラッドバッハ U-19 に所属するコンスタンティン・ゲルハルトは U-14 から見ている選手です。

　コンスタンティンは9歳でサッカークラブに入ると、すぐに 1.FCケルンのスカウトの目に留まり練習参加に招待されました。入団することは叶いませんでしたが、サッカーに意欲的だったコンスタンティンは、当時所属していたチームの監督がパーソナルトレーナーも兼任していることを知ると、「もっと上手になりたい」との気持ちからパーソナルトレーニングに興味をもつようになり友人と一緒にトレーニングを始めるようになったのです。

　「自分の長所を伸ばし短所を改善する絶好の機会だった」と話すコンスタンティンは「チーム練習とは違い、トレーナーからすぐにフィードバックをもらえるし、できないところは何度も反復することができる」とパーソナルトレーニングの利点をあげます。ただ一方で、チーム練習とのバランスや怪我のリスク、そしてシーズンを通じてのコンディション作りの観点ではパーソナルトレーニングをやり過ぎるのも良くないと感じたことで、現在は週1回の頻度でパーソナルト

プロ選手を夢見て、ボルシア・メンヘングラッドバッハU-19で
活躍するコンスタンティン・ゲルハルト（右）。

レーニングを受けるのが理想的として取り組んでいます。

　一方で「シーズンが終わってプレシーズンが始まる前の期間は多めのパーソ
ナルトレーニングが必要だと思っている。またコロナの時期は練習もなかったか
らパーソナルトレーニングでコンディションを維持することも必要だった」と振り
返っています。

　プロの世界も視野に入ってくるU-19のカテゴリーに身を置くコンスタンティン
に、同年代で個別練習をしている選手の割合を聞いてみると、「80％くらいか
な。やっぱりプロになるという目標がある選手はチーム練習だけじゃ足りないと
思っている。ブンデスリーガの選手もソーシャルメディアを使って自分のトレー
ニングの様子を公開しているし、パーソナルトレーニングは浸透していると思う」
との答えが返ってきました。彼の言葉から、ドイツでは育成年代の選手がパー
ソナルトレーニングの重要性を認識していると知ることができます。

　選手を支える両親はパーソナルトレーニングをどのように捉えているのでしょ
うか。コンスタンティンの母親であるアレキサンダー・ゲルハルトさんは「彼が
やっている練習、認知を多く用いたトレーニングをしていることで学校の成績

が上がったようです。先生との面談で他の生徒よりも物事を素早く把握しそれ
をしっかり言語化して説明することができるといった、ポジティブなフィードバッ
クをもらっているんです。サッカー以外でも大いに役立っていると思いますよ。
もちろん送り迎えは親として大変な部分ではあるけど、息子が楽しんで練習を
している姿を見ると辛いことも忘れることができます」とパーソナルトレーニング
がもたらす効果を話してくれました。

　最後にコンスタンティンは「個人的には、月曜日のチーム練習にフィットさせ
たいので、日曜日にパーソナルトレーニングを受けている。ここ何年間かそのリ
ズムで行ってきている。チーム練習以外でボールを蹴ることは気分転換の意味
でも重要だからね」と笑顔で語っていました。

　最も大事なことは、プレーする選手がサッカーを楽しめること。パーソナルト
レーナーとしてこのことは常に忘れず選手と接していこうと改めて感じました。

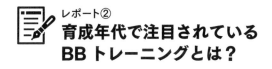

レポート②
育成年代で注目されている BB トレーニングとは？

文：福岡正高

　ある日、U-11チームを連れて、1.FCケルンと対戦をしたときのことです。試合数日前に、ケルン側から連絡があり「子供たちの体格に合わせて、2つのグループに分けて試合をしよう」という提案がありました。なぜなら、「身体の小さな子が、身体の大きな選手へドリブルを仕掛けていくのは難しい。試合の中で、勇気を持ってサッカーをできるようにしてあげたい」という意図があったからです。

　キックオフの前に、子供たちには背の高い順に並んでもらい、半分に分けて2チームを作り、用意された2つのフィールドで、2試合が並行して行われました。1つのピッチでは、ドイツの11歳年代で行われる7対7の形式で、もう一方は5対5のスタイルで、15分ハーフの4本セットをこなしました。

　このように、ドイツの育成年代では、子供たちの身長や体重などに合わせたグループを作り、試合やトレーニングをさせることに焦点が当てられています。

　これがBIO-Bandingトレーニング（以下、BBトレーニング）です。

　BBトレーニングでは、選手を生年月日でグループ分けをするのではなく、体格によってグループ分けします。簡単にいえば、身長と体重を目安に、早熟と晩熟の2つのグループを作ることになります。

　子供たちは、12歳ぐらいから成長の速度に違いがそれぞれ出てきます。特に、力強さと足の速さには大きな差が出てくるものです。そのほかにも、チーム内におけるリーダーシップや、責任感に通じるメンタリティの成長においても、差が出てきます。この心理的成長は、身体の成長と深く関わってくるものです。

　マンチェスター・ユナイテッドの育成部が調査した結果でも、早熟の選手のほうが、晩熟の選手よりも、より多くセレクトされていることが明らかになっています。トレーニングや試合の際、早熟の選手は、ある時期までは、その肉体的な成長の差を利用できますが、やがて多くの場合は、晩熟の選手に能力が

追いつかれたり、追い越されたりしてしまうのです。

　タレントのセレクションにおいても、晩熟の選手は後回しにされることが多く、指導者からのポジティブなフィードバックを受けることも少ないでしょう。実際、晩熟の選手は、控えめにプレーしているのをよく見かけます。身体の小さな選手は、自分よりも身体の強い選手との直接対決を避けることが多いのです。それゆえに、良い環境でトレーニングを受けるためのスタートに立つことも難しいのです。彼らは、いまだ開花しない深く沈んだパフォーマンスを理由に選抜メンバーから外されて、エリートコースへの移行時期へ進めません。そのために才能を持った晩熟の選手たちが消えていってしまうのです。早熟の選手が様々な部分でその恩恵を受けている間に、晩熟の選手は誰の目にも留まらずに、最悪の場合にはサッカーを辞めてしまうケースもあるのです。

　体型によるグループ分けは、トレーニングや試合において、肉体的な強さの均衡がとれます。早熟の選手は、今まで彼らが利用してきた肉体的な強さを前面に押し出すことができません。同じような体格、似たような力強さを持った選手たちの対戦では、例えば1対1において、より技術、戦術そしてメンタルの部分を駆使し勝負しなくてはなりません。彼らは、それを通して失敗と成功を繰り返します。その中で自分と似たような肉体的条件を持つ選手に勝つことを覚えていくのです。

　BBトレーニングでは、似たような体型の選手との直接対決を実践することができます。ゲーム形式のトレーニングでは、晩熟の選手であっても積極的に試合に参加し、その経験がチーム内での責任感をさらに強化させたり、リーダーシップを発揮しようとする努力につながったりするのです。たくさんの成功体験を獲得し、指導者からはポジティブなフィードバックを得るばかりでなく、仲間からもそれを得ることができます。

　これは、選手の成長を促す一方で、晩熟の選手がサッカーを辞めてしまうという最悪の状況を減らしたり、次のステップへ進むためのチャンスを大きくするものです。さらには、晩熟の選手の怪我の危険も小さくします。体重差を少なくすることで、危険な接触を減らし、骨折などの怪我を回避することにもつながります。

　ここまでBBトレーニングを推奨する理由をあげてきましたが、もちろんデメリッ

トも存在します。アスリートは、非常に困難で厳しい要求の中でトレーニングを積むことで、そのトレーニング環境に適応して大きく飛躍することが多々あります。晩熟の選手は、何年にもわたる肉体的強者との不利な状況を乗り越えることで大きな成長を遂げるケースもあるのです。しかし、それらが晩熟の選手全員に当てはまるわけではありません。素晴らしい仲間と、彼の才能を見つけることのできる指導者との出会いも必要になります。

また、メンタルトレーニングの権威、日本体育大学の高井秀明准教授によると、このようなグループ分けを日本で実施する場合は、晩熟のグループに分類された選手たちが早熟のグループと比較して劣等感に苛まれる可能性があるため、BBトレーニングの導入は慎重に検討する必要があると述べています。

ところで、実際にグループ分けはどのように行われるのでしょうか？

それは、ミルバルト・メソッドというスタイルでグループ分けをされるのが理想です。

まずは、身長、座高、体重を計算します。そして骨年齢、血液採取によるホルモン分析も必要になります。これらの検査をもとに、「成長期における年齢」を決定し、選手たちを3つの適したグループに分けるのです。しかし、その際には、その選手たちの技術、戦術、メンタル状態を指導者によって評価され、それを加味された選別でなくてはなりません。

私の経験上からだけですが、例えば、ボルシア・ドルトムント、VfL ボーフム、バイヤー・レバークーゼン、ボルシア・メンヘングラッドバッハなどは、身体の大きな選手をフォーメーションの真ん中に配置してくることが多いです。常にとは言えませんが、この体格の大きな選手たちが試合を決めることがよく見られます。

早熟タイプで身体が大きくて瞬足の選手と、基本技術とサッカーのテクニックを兼ね備えた身体の小さな晩熟タイプの選手が対峙したとき、多くの場合に身体の大きな選手が有利になるでしょう。晩熟の選手はボールを失うことを避けるために、安全策をとることになるはずです。この現象は晩熟の選手の健全な成長を妨げる原因のひとつと捉えることができます。

オランダの名門クラブ、アヤックス・アムステルダムでは、2001年からこの

取り組みを採用しているそうです。ユトレヒト、フェイエノールト・ロッテルダムなども、これに続いたのです。オランダの育成年代の代表チームは、年齢によるセレクションとBBによって選ばれたチームが常にあるとのことです。2018年W杯で日本代表と対戦したベルギー代表チームで活躍したケビン・デ・ブライネ選手は、ベルギーでも取り組まれてきたBBトレーニングによって、身体が小さいというハンディを乗り超え、代表チームへと駆け上がることができました。イングランドでもまた育成年代のリーグ戦では、年齢別の試合とBBによってセレクトされたチーム同士の試合が行われているそうです。

　選手の才能を埋もれさせないために、より平等な成長の機会を提供することがBBトレーニングの目標です。欧州ではスタンダードとなっているBBトレーニングの考え方が、今後日本でも浸透するのかは、注目したいところです。

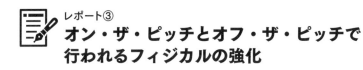

オン・ザ・ピッチとオフ・ザ・ピッチで 行われるフィジカルの強化

文：杉崎達哉

「あの選手はフィジカルが強いね」

　こういった言い回しのように、日本でも「フィジカル」という言葉は、サッカーにおいて頻繁に使われます。ここドイツでも、「フィジカル」の強い選手が非常に重要視される傾向にあります。

　例えば、日本人選手がドイツのクラブで練習をすると、それを見た多くの監督から「彼は非常にテクニックがある。しかしフィジカルが問題だね」という言葉が聞かれます。ドイツ人が求めている（フィジカルに関しての）理想像とはかけ離れていることが多いのです。しかし、フィジカルが問題だからといって、筋肉を鍛えればいいという話ではありません。どうしてもフィジカルの強化となると、筋トレ（筋力トレーニング）が先行しがちですが、それだけではいけないのです。

　そもそも筋トレの大きな目的のひとつとして、怪我の防止や当たり負けをしない身体づくりがあげられます。私自身も、指導していたU-15チームが大型の選手と対峙することが多かったため、怪我の防止や当たり負けをしない身体づくりをするための手段として筋トレを取り入れてきました。ただし、重いものを持ち上げるといった筋トレではなく、体幹を鍛えることをメインにしたトレーニングが大切となります。また、時間はストレッチ後の10〜15分に取り入れるなど、短く・集中的に行うのです。なぜなら、先述したように、ドイツでは「フィジカルの強化＝筋トレ」だけではないからです。

　筋トレ以外では、次の4つの大事な要素があります。

【持久力】

　試合終了まで走り切ることのできる持久力は、体力の強化という側面だけではありません。余力があることで集中力が途切れることなくイージーミスが減少します。最後までチーム戦術を遂行できるという側面において重要なファクター

となるのです。具体的に説明すると、例えば、プレシーズンでは心肺機能の向上が主な目的となるので負荷の高いインターバルトレーニングを実施します。その際、ただ走るだけではなく、ボールを使いながらの練習メニューを取り入れると選手も意欲的に取り組むことができるようになります。一方、シーズンが始まるとメインの目的が疲労回復になるので、心拍数120拍/分といった軽度の有酸素運動がメインのトレーニングとなります。それでも月1回はボールなしのランニング、ペナルティライン間を○秒で走り○秒休憩を挟み再び走る、1人が目標タイムに走りきれなかったらもう一度やり直し、などの条件をつけたインターバルランを行っていました。選手からはブーイングが起こったり、泣きながら走る選手もいましたが「あの辛い練習を頑張ってきたんだ」という精神的な強さを身につけるのも、持久力という要素では大切となってきます。

【アジリティ】

　これはいわゆる「俊敏性」です。短い距離や前後左右に素早く、しかも頻繁に動ける能力も、ドイツではフィジカルとして捉えられています。ラダートレーニングやコーンを使った練習を取り入れることが多く、高い集中力を必要とするため練習のはじめに行うことが通常です。またアジリティ向上のためにその前提となる走り方の矯正も行っていました。きちんとしたサッカーに適したフォームで走ることでスピードが上がるだけでなく、疲れにくくなる効果もあります。また俊敏性は走るスピードの他に考えるスピードにもつながります。後者を向上させるためにはコーディネーショントレーニングがドイツでは採用されています。

【コーディネーション】

　東ドイツで生まれたこの言葉は、リズムやバランス、識別能力など7つの能力に分類されます。コーディネーション能力が上がると動作が早くなります。自分の身体を状況に合わせてコントロールしやすくなり、技術の習得度も早くなります。つまり、サッカー特有の動き方を素早く身につけることができるようになるのです。ただし、コーディネーショントレーニングの効果を一番得やすいのは小学生年代である、ということも知っておくことが重要です。また1つの練習にかける時間は20 〜 30秒程度、メニューも簡単な練習から始めて徐々に難し

くするほうが良いでしょう。また正しい姿勢やステップが大事になるので、まずはゆっくりしたテンポから始めます。さらにボールを使った練習メニューにこれらの要素を組みこむことで選手が飽きることなく、しかも技術的な練習もでき一石二鳥の効果を得られるでしょう。神経系を鍛えることで脳からの信号が身体に素早く送られるようになり、コンパクトで早い判断が必要とされる現代サッカーでは必要な能力となっているのです。

【柔軟性】

　これはいわゆるストレッチです。スポーツ選手は身体をほぐすことで筋トレによって鍛えられた筋肉を自在に操り、関節の可動域が大きくなることで怪我の予防にもつながります。また柔軟性の向上は技術習得や高いパフォーマンスを披露することにも大きな影響を与えるとされています。サッカー選手に特化すると、柔軟性があることで身体のバランスを向上させトップスピードでのドリブルからでもフェイントがスムーズにできることにつながったりします。また姿勢の矯正にも役に立つことから、パスやシュートの精度が上がる要因にもなると考えられています。

　ストレッチの方法は「静的ストレッチ」と「動的ストレッチ」の2種類があります。前者は反動をつけずに筋肉を一定の時間伸ばしたままにするものです。筋肉の緊張をやわらげ可動域が広がることから怪我を予防することができます。後者は勢いをつけて行うストレッチで筋肉内の血液循環を促進させる効果があるとされています。それゆえ、練習や試合前には「動的ストレッチ」、練習や試合が終わった後には「静的ストレッチ」を取り入れることが推奨されています。

　このようにドイツにおけるフィジカルの考え方は、（筋トレを含めた）5つに分類することができます。しかし、1日の練習時間は最大でも90分しかないため、フィジカルの強化にかける時間は限られています。

　そこで重要になるのが、オフ・ザ・ピッチでのフィジカルの強化、つまりコンディションづくりです。

　私がかつて指導していたクラブでは、具体的にはヨーグルトやプロテインを

ストレッチには、反動をつけずに筋肉を一定の時間伸ばしたままにする静的ストレッチ（左）と、体を大きく動かすダイナミックストレッチとも呼ばれる動的ストレッチ（右）の2種類がある。

摂っていました。また休養もしっかり時間を確保するように伝えていました。ドイツの指導者ライセンス講習では、講師が「休むことも練習」ということを参加者に伝えるほど、休養はとても重要なことと捉えられています。ドイツでは、U-15世代からは平日の練習が週4回、土日のどちらかに試合が1戦行われるというのが一般的です。練習は90分以上行うことはほとんどありません。長くやることで集中力が低下し怪我のリスクも高まると考えられているからです。

　睡眠に関しても、不足すると集中力や持久力の低下を招き、翌日の練習や試合のパフォーマンスに影響を与えると言われています。また就寝中は発達を促す成長ホルモンが多く分泌されることから、育成年代では十分な睡眠時間を確保することの重要性が強調されています。

　これまでの話は、ブンデスリーガ下部組織や強豪クラブのように、意識が高い選手たちが集まるクラブでの話です。アスレティックトレーナーやフィジオセ

CHAPTER

5

ドイツサッカー最前線レポート

ラピストといった専門家が常駐しており、指導者にもコンディションに関して高い知識が求められています。

　一方、県大会や地区レベルで活動している町クラブではそこまでの人員を確保することができません。そのため指導者も昔ながらの練習方法を踏襲しています。筋トレであれば、回数を多くこなしたり、重いものを持ち上げたりといった筋肥大に特化したものが大半で、持久力の強化にしても、選手の疲労が蓄積した練習後に取り組ませることが多いのが現状です。指導者の多くはいわゆるお父さんコーチで、自らが子供の時に経験したことを選手にそのまま教えているケースがほとんどです。ドイツサッカー連盟ではコンディションに特化した講習会なども開いていますが、指導者養成コースに比べると回数は足りていません。この点は改善の余地があると感じています。

　冒頭でも述べた通り、ドイツにおける日本人への評価は「技術・スピードは高いが、フィジカルが弱い」というものです。私自身、ドイツサッカーを体感する中で、世界で本当に戦える選手というのは、上手さや速さの他に「強さ」が大きなキーワードになっていると感じています。その「強さ」を磨くために、ドイツでは、フィジカルの強化やコンディションづくりがより重要視されているのです。

バイヤー・レバークーゼンのスタジアム（バイ・アレーナ）内にあるウエイトトレーニングルーム。

レポート④
移籍や留学事業に潜む代理人の存在

文：福岡正高／杉崎達哉

　サッカー界において代理人（エージェント）は、契約更改時、あるいは移籍の際に選手に代わってクラブと交渉し契約に結びつけるのが主な仕事です。選手にとっては面倒な交渉ごとですが、プロとしてサッカーを続けていくためには避けて通れない業務のひとつです。代理人は、その大切な業務を請け負うのですから、選手にとって頼りになる存在でなければならないのです。

　ドイツでも、移籍市場における代理人の存在感が年々増しています。近頃は、ブンデスリーガに参戦するクラブの下部組織に所属しているU-15世代の選手でさえ、代理人と契約しているのは珍しいことではありません。

　クラブ側は、選手が契約している代理人を把握し動向には目を光らせています。なぜなら、選手の成長と成功を純粋に念頭に置く代理人だけではないからです。残念なことですが、選手を食い物にし、私服を肥やすことだけを考える輩もいるのが実情です。

　サッカー選手であれば、少しでも良いクラブにプレーしたいという思いがあるでしょう。そのためにも、クラブとの契約交渉で有利な条件を手に入れたいという考えから、代理人にサポートを依頼するわけですが、なかには、自分の子供が将来プロ選手として活躍するときのために、早いうちから代理人のサポートが必要だと考える保護者も少なくありません。

　実は代理人にとっては願ってもないことなのです。

　若い有望な選手を抱えておいて、将来はビッグクラブに移籍させて金儲けしようとしているわけです。

　少し話は逸れますが、代理人によっては、ドイツ国内だけではなくブルガリアやポーランドなどの東欧諸国にまで手を広げ、10代の選手をスカウトしてドイツのクラブに入団させようとします。時には、選手の家族にドイツ国内での仕事を確保して、家族そろって移住をさせることがあります。なぜならFIFAによって、16歳未満の選手が国境を越えた移籍をする場合には、選手単身で

179

移住では移籍を認めないということがルール化されているからです。

　さて、このようにドイツでは、有望な10代の選手たちに対して、すでに代理人が存在しています。彼らはダイヤの原石を探すためにトップリーグはもちろんのこと、良い選手がいるという情報があれば、地域リーグの試合にまで視察に行ったりもしています。なかには年間で5万kmも移動している代理人もいるようです。

　しかし、若いうちに代理人をつけることでトラブルが発生することがあります。その多くは金銭が絡んでいます。代理人契約を結んでエージェントにサポート代金を振り込んだものの、希望とはかけ離れたクラブへの移籍になったり、職業を斡旋してくれるという話ではあったが結局仕事をもらえなかったり、などの事例もあります。ドイツでは4部リーグくらいまでが、ほぼアマチュア契約です。クラブから受け取る報酬だけでは、生活が難しいため、多くの選手が日中に仕事をしなくてはなりません。代理人は、契約交渉の際にクラブ側に職業斡旋も条件に話を進めることもあります。

　代理人によっては、自分の抱えている選手が試合出場の機会に恵まれない場合に、監督に抗議をしてクラブ側と揉めごとを起こしたり、試合出場の対価として監督に金銭を握らせることもあると聞きます。

　また、代理人がクラブ側と結託して、選手に移籍金が発生しないようにした事例もあります。NLZ（ドイツサッカー連盟が定めた基準を兼ね備えた育成クラブ）間での移籍では、ある条件をもとに多額の移籍金が発生するのですが、DFBが決めたガイドラインをうまく潜り抜け、自分の抱える選手を他クラブへ移籍金なしで移籍させるのです。移籍先のクラブとしては、条件の良い選手を多額の移籍金を支払うことなく獲得できるのですから異論がないことでしょう。

　特に10代の若い選手にとって、人気クラブでサッカーをすることは憧れであり、目標となっています。代理人を名乗る大人のなかには、そんなティーンエージャーの心理につけこむかのように「こうすれば、次へのステップアップにつながるんだよ」とすり寄ってきます。ほとんどの子は理に適わない方法であると知りながらも受け入れてしまいます。代理人の言っていることは正しくないと知りながらも、最後は言われたことに従ってしまうのです。

　ドイツのサッカーリーグは、ほとんどが8月半ばにシーズンがスタートし、翌年の5月末には終了します。シーズン途中の12月頃になると、各クラブは早々と次のシーズンへの準備をスタートさせます。下部組織の選手をトップチームに昇格させることもあるでしょうし、他のクラブから移籍補強したり、スカウトの目に留まった選手と契約したりもするでしょう。あるいは懇意にしている代理人のルートによって選手を発掘するのかもしれません。いずれにしても来季のチーム編成を本格化させることになります。

　これがなかなか大変な作業です。NLZとして認定されているプロクラブは、選手がU-16以上のカテゴリーになると「職業訓練契約」という名目で、クラブと選手間で金銭授受が可能となる契約を結ぶことが許されています。

　例えば、あるクラブがU-16の選手数人と「職業訓練契約」を結ぶとします。この契約書は、クラブと選手との単なる覚書、同意書ではなく、この契約をすることで、DFBのルールが両者の関係性に適応されるのです。クラブは選手に対して月給という形で金銭を支払います。まだ実績のない若い選手なのですから、そのポテンシャルを発揮して戦力になるという保証はありません。クラブ側としては将来が不確かな選手への投資はリスクが伴います。しかし契約をして選手を抱え込むことで、他のNLZクラブに無償で奪われることがなくなるのです。NLZクラブ間での選手の移籍は、選手の年齢、所属期間によって移籍金が決定されます。その移籍金が1万ユーロを超えるのは珍しいことではありません。

　あるクラブ（Aクラブとする）では、ここ数年でこんなことがありました。

　Aクラブで活躍する選手が、12月の面談で来季もAクラブに残りサッカーをすると約束をしました。来季について、互いに合意しているという書面にもサインをしたのです（この書面でのやり取りには、法的拘束力は一切なく、モラルだけが問われるもの）。しかし、6月30日に、その選手はクラブに電話で「来季へ向けて他クラブへ移籍する」と急な方向転換をしたのです。6月30日はドイツサッカー界の移籍市場の締め切り日です。ギリギリになって選手が契約を更改しないと言ってくれば、Aクラブとしては、その選手の代わりを補強するための交渉やスカウトに費やす時間が残されていないわけです。来季の戦力に穴が空いてしまいます。選手側からすれば、シーズン途中で移籍の意思を伝

えることで、状況によっては試合に出られなくなる可能性も十分にあります。だからこそ、代理人から入れ知恵をされて、最終的には自分だけの判断であったかのように、移籍期限ギリギリでクラブとの苦い決別をするのです。

　大きなテーマは、ここからです。この選手は、クラブとの間に「職業訓練契約」を結んでいませんでした。そのために、NLZ間の移籍であっても、ほぼフリーのような形で移籍が可能だったのです。彼の代理人は、この盲点をついたのです。選手に「この移籍をスムーズに成立させるには、この方法が一番なんだ！」と説得したはずです。選手にしてみれば、「移籍金が発生するなら、君を獲得できない」と希望クラブに言われてしまえば、モラルだけが問われる覚書を忘れたふりもできるのかもしれません。

　代理人を生業にしている友人にもこの件を話したところ、「仕方のないこと。約束を破ったことは良くないが、代理人の仕事は選手の希望を現実にしてあげることだから」とのことでした。

　　Aクラブには金銭的な大きな余裕はありません。できる限り予算を抑えて、選手を育てて、トップチームへ選手を送り出すことが目標です。事実、この選手の他クラブへの無償での移籍は、大きな損失となりました。

　しかしながら、Aクラブでは翌年、再び全く同じことが起きてしまいました。ある選手と12月に書面で合意しますが、翌年の6月30日に「他クラブへ移籍する」という連絡がその選手から届いたのです。移籍先のクラブは再びBクラブでした。選手とBクラブの間にいる代理人が、小細工をしたのです。Bクラブ側からすれば、移籍の経緯は知らなかったことにできます。選手のモラルは問わないのが、ドイツスタイルなのかもしれません。確実に言えることは、クラブと代理人との間には、何らかのコミュニケーションがあっただろうということです。代理人の言い分は、決まって「選手が望むことをしたまでだ」となるでしょう。

　日本ではまだ馴染みのない代理人の存在は、非常に理解が難しいものかもしれませんが、以下のような例もあります。

　前述のボルシア・メンヘングラッドバッハU-19でプレーするコンスタンティンは、ブンデスリーガ下部組織に所属する選手にしては珍しく、U-19チームの所属になっても代理人がいませんでした。彼はその理由をこう明かしています。

「心から信頼できる人ではなければだめだと思っている。今まで何人かの代理人からオファーをて話してみたが、そういう気持ちにはなれなかった」

また、バイエルン・ミュンヘン所属のドイツ代表ヨシュア・キミッヒも、代理人がいません。実際には、代理人と決別したという表現が正しいかもしれません。キミッヒといえば、2015-16 シーズンに同クラブへ移籍して以降、300試合以上に出場し、リーグ優勝7回、チャンピオンズリーグでも1度優勝を経験するなど輝かしいキャリアを誇ります。2021年8月には、バイエルンと2025年までの契約延長に合意しますが、その際も代理人はいませんでした。

その理由をキミッヒは「前回の契約交渉の際に違和感を感じていた。だから次は自分で交渉しクラブ上層部と直接話をするという選択をした」のだと説明します。

代理人は幅広いネットワークで選手に様々な選択肢を提供し、交渉の席では選手の要望をできるだけ組み込んだ契約をしてくれるなどキャリアアップを手助けしてくれる存在です。しかし、彼ら2人のように、そこに信頼関係を築けないのであれば、代理人をつけないのもひとつの選択肢です。

日本のみなさんにもっと身近に感じられるところで言いますと、日本からドイツへの留学も危険な罠が潜んでいます。ドイツには、留学生をサポートするエージェントもあります。多くのエージェントが選手のために誠実に仕事をしていると聞きます。しかし、中にはそうではないところもあるようです。日本で受けていた説明とドイツへ来てからの対応が全く違うという話をたくさんの日本人選手から聞きました。ブンデスリーガ2部のクラブの練習に参加させるからという条件で大金を払いドイツへやって来たものの、実際には6部リーグや7部リーグの練習にしか連れて行ってもらえずに、大金だけを取られたという選手もいるほどです。6部リーグでもらえる金銭では、生活が成り立ちません。エージェント側の言い分は「実力がないから、6部からスタートすればいい」というものでした。名前や過去の実績に囚われず、その代理人（エージェント）が本当に自分に合っている人物なのか、一度立ち止まって考えてみる時間は必要です。決して無駄な時間にはなりません。慎重に考えてもらいたいものです。

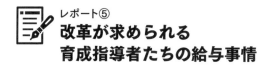

レポート⑤
改革が求められる
育成指導者たちの給与事情

文：杉崎達哉

　多くのサッカー指導者はユルゲン・クロップやユリアン・ナーゲルスマンのように監督として成功を収めたいと考えていますが、その道は簡単ではありません。特に下部組織で指導する育成のコーチは金銭的に苦しい状況に置かれています。

　2021年12月、ミュンヘン州検察庁はバイエルン・ミュンヘンの下部組織で最低賃金法を下回る賃金が支払われていることを受け、調査していることが報道されました。

　かつてバイエルンで指導者として働いていた人物は、「ベルリンやロンドンに遠征に行き3日間も選手たちにつきっきりとなる。それでいて労働時間は80分間のみという資料を作成してほしいとクラブから言われた、上司に文句を言っても『200ユーロでも、それこそタダでもバイエルンで仕事をしたい指導者はたくさんいるんだ』と突き返された」のだと、匿名を条件に赤裸々に語っています。

　ブンデスリーガ1部に所属するFCアウクスブルクの下部組織の指導者も「1年目の月給は200ユーロだった。2年目はアシスタントコーチになるも1週間に25時間以上働いてたったの250ユーロだった。3年目に監督のポストを用意されたが月給は400ユーロ。フルタイムの仕事で400ユーロでは生活することができない」と内情を明かしています。

　アンドレアス・バルトシュミット弁護士は、この問題を重く受け止めています。「育成年代の指導者は、月に約100時間働いても、もらえる金額は450ユーロだ。これを時給に換算すると4.5ユーロ、現在の最低賃金は9.5ユーロ（※2021年1月当時）。つまり、最低賃金の半分しかもらっていないことになる」と、違法な労働環境にあることを説いています。

　実際、私の知人もフォルトゥナ・デュッセルドルフU-16のアシスタントコーチのオファーをもらいましたが、「週4回の練習と週末の試合帯同で交通費込

みの月200ユーロ」という条件を提示され、最終的に断ったようです。

　上記に書かれている3つのクラブはNLZであり、ドイツサッカーリーグ機構（DFL）から毎年基準に達しているかの調査が行われています。しかし、指導者の給与に関しては基準から除外されているのが、現状です。

「（イングランドでは）下部組織の待遇はかなり良く、U-9の指導者でもフルタイムジョブで生活できるだけの給料はもらっていた」

　こう話すのは、ロート・ヴァイス・エッセンでスポーツディレクターを務めるクリスチャン・フリュートマン氏です。自身もドイツでの指導キャリアが浅いときは月450ユーロの低待遇でしたので、イングランドのノーリッジ・シティに渡って指導者を経験したときに、その違いに驚いたと言います。

　バルトシュミット弁護士は「多くの指導者がステップアップを考えている。ブンデスリーガのクラブは彼らのそんな気持ちを上手く利用している。これは本当に悲しい出来事だ」と嘆いています。「いつかはクロップを目指して」と熱い志をもって育成指導に携わる若い育成指導者たちのためにも、1日も早い待遇改善が求められています。

すべての人に支えられているドイツサッカー

文：杉崎達哉

　2022年のW杯カタール大会でドイツ代表は、日本代表、コスタリカ代表、スペイン代表と同組に入り予選リーグで敗退しました。2018年のロシア大会に続いて結果を出すことができませんでした。それでもドイツ国内のサッカー熱は冷めることはありません。なぜなら、ドイツではサッカーが地域に根を張っているからなのです。ドイツの人たちは、ナショナルチーム（代表）より、むしろ身近な地域のサッカークラブに大切な思い入れがあるからなのでしょう。客観的な数字が物語っています。

　ブンデスリーガ1部の観客総動員数は、2018年のロシア大会が開催された2018-19シーズンは約1300万人でした。4年後の2022-23シーズンは約1100万人（※2023年5月12日時点：リーグ戦3試合を残した状況）ですから、比較しても、ほとんど変わらないことがわかります。ちなみに2022-23シーズンの欧州5大リーグ（イングランド・スペイン・ドイツ・イタリア・フランス）における平均観客人数では、ドイツが第1位の42,449人でした。以下、イングランド（40,181人）、スペイン（29,512人）と続きます。

　女子ブンデスリーガでも2023年4月23日に行われた1.FCケルン対アイントラハト・フランクフルトは、過去最高の38,365人が訪れました。これまでの最高集客数23,200人から大幅な記録更新です。ドイツサッカー連盟の女子サッカー部門で副会長を務めるザビーネ・マミッチュ氏は「これは大きな成功だ。引き続き成長のために努力をしていきたい」と成功を強調しています。同連盟は今後10年間で女子ブンデスリーガ1部の全試合のうち60％の試合で1万人以上の観客が見込まれると試算結果を発表しています。

　このようにドイツ国内ではサッカーへの関心は普遍的です。クラブを支えるサポーターやファンは減ることがありません。それは決して国内屈指の強豪クラブやネームバリューのあるビッグクラブに限った話ではなく、アマチュアや女子サッカーにも熱狂的なサポーターがいます。試合があれば太鼓のリズムに合

わせて選手を鼓舞し、ときには発煙筒をたく過激な応援もありますが、彼らサポーターは、ひいきのクラブの立ち位置にばかり気をとられることなく、どのカテゴリーに所属していても「地元のクラブを応援する」という一心で試合会場に足を運んでいます。そのサポーターの気持ちにクラブ側も応えます。声援で枯れたのどを潤すためのビールを試合後にケースで差し入れるなど、互いに敬意を払った関係が築かれています。

　ある町クラブの地元では、ホームゲームで勝利すると、無償で選手に食事を振る舞う飲食店があります。選手が格安で利用できるフィットネススタジオもありました。やはり、そこにも見返りを求める気持ちはなく「わが町のクラブに貢献したい」との想いだけなのです。

　ここで、今回本書で何度か取り上げたロート・ヴァイス・エッセン（RWE）の話をもうひとつ。ドイツ国内では古豪として知られているクラブで、1954-55シーズンにブンデスリーガの前身となるドイツサッカー選手権大会で優勝するなど輝かしい歴史もありましたが、2010年には約2100万ユーロの負債を抱えて4部（当時）から5部（当時）に自動降格となる憂き目にあいました。多額の負債にクラブが解散してもおかしくない状況でしたが、「（1907年に設立された）伝統あるクラブを消滅させてはならない」との想いを持った多くの人が、クラブ存続に尽力したのです。ホームゲームはもちろんのこと、アウェーであっても毎試合スタジアムには溢れんばかりのサポーターが集まりクラブを後押ししたのです。2015年2月7日に行われたアルマニア・アーヘンとの試合には4部リーグ記録となる30,313人を集客しました。

　しかし、決してクラブのスタッフはサポーターに頼りきりだったわけではありません。経費削減のため給料の未払いを受け入れる時期がありました。当時を知る人は「彼らはクラブのために未払いになることを了承した」と振り返ります。サポーターとクラブが一体となったRWEは破産の危機を回避し財政を立て直すと、2022-23シーズンに3部リーグへ昇格するまでになりました。

　人々の情熱は育成年代のサッカーでも変わりません。多くの町クラブは財政的な問題を抱えていますが、地元民が支援をしています。

サッカークラブの支援は、強豪クラブであればスポンサー契約を結ぶ企業も見つかりやすいでしょう。ビジネスで成功を収め金銭的な余裕がある人物が、さらなる名誉を求めて強豪クラブに出資するケースも考えられます。しかし、町クラブではそうはいきません。保護者が、自分の子供の所属するカテゴリーのチームにユニフォームやバックを寄付することがよくあります。スポンサー集めは苦労するところなのですが、地元のごく普通の個人で経営している飲食店や小売店が小口のスポンサーになって応援してくれるのも、ドイツでは普通のことです。

　ジュニアチームのユニフォームやジャージに、トルコ料理屋さんの名前とロゴ、さらには電話番号まで入っていることも珍しくはありません。むしろスポンサーが入っていないチームウェアを見つけるほうが難しいほどです。

　ピザ店主のマヒア・ライチさんは、コソボからドイツへ渡り、苦労の末に店をオープンさせ、今では地元の人気店となりました。ライチさんは、息子が所属しているチームを2年間サポートした経験を持ちます。

　「子供たちのチームのスポンサーになると、税金の控除という金銭的なメリットもありますが、それ以上に大切なのは子供たちのことです。チームのメンバーには経済的に余裕のない家庭の子もいます。私は、新しいシーズンに子供たちがお揃いの真新しいユニフォームでサッカーをして、ひとつのチームになってくれたらと願ってスポンサーになりました。そのときは、ユニフォームにもジャージには、私の店のロゴは入れませんでした。誰がスポンサーになったのかを子供たちは知る必要がなかったから。子供たちが、サッカーから離れないでいてほしいだけなのです。だから、何かしらの形で子供たちのサポートをしたいと思っています」と話してくれました。

　こうしたクラブへのサポートは、試合を観戦に来たファンやサポーターからも寄付や募金といった形で行われています。アマチュアクラブのトップチームの試合会場では、クラブに所属する子供たちが募金箱を持って観客席を回っている光景がよく見られます。観客は呼びかけに応じ気前よく募金に応じていました。集まったお金はクラブの育成年代のチームのために使われることが多いようです。

　一方で、ブンデスリーガのクラブにしても、育成部は金銭的な問題が全くな

いというクラブは少ないと聞きます。浅野拓磨選手が所属するVfLボーフムは、スタジアムで売られているビールの値段に、容器に対してデポジットを含ませています。試合後に空になった容器を売店に戻せば、お金が戻ってくるシステムなのですが、スタジアムの一角には、このビールの容器を持ってくると、返金ではなく育成部への寄付になるコーナーがあります。たくさんのファンやサポーターが子供たちのために快く寄付してくれるようです。

　これまでの話から、ドイツサッカーの本当の強さは地域が支えているという状況を垣間見ることができたのではないでしょうか。それはサッカーというスポーツがそこに住む多くの人たちを巻き込む、いわばコミュニティを形成する大きな要素のひとつとなっているからです。シニア世代や、育成年代の選手たちだけでなく、幼い子供がサッカーを楽しむためのサポートに多くの人が尽力していることも忘れることはできません。

　ドイツでは、子供から大人まで国全体にサッカーの文化が定着しているのです。だからこそ、たとえ代表チームがW杯で惨敗しても、ドイツサッカーの魅力は色褪せないのでしょう。

おわりに

犬公園サッカー部

　みなさんは、ライン川河畔に位置するドイツ西部のデュッセルドルフという街
をご存知ですか?

　ドイツを代表する観光地ではないので、ドイツに来たことがある方でも知ら
ないかもしれません。しかし、ドイツ在住、ヨーロッパ在住の日本人にとっては
かなり有名な場所なのです。なかなか手に入らない日本食材を手に入れるこ
とができ、恋しくなっている美味しい日本食を食することができるヨーロッパ屈
指の日本人街があるからです。

　デュッセルドルフは国際商業都市であり世界中の企業が進出しています。日
本企業も支店やヨーロッパの拠点を置き、数多くの駐在員が働いているので
す。その日本人街の中心となっているのがインマーマン通り。通り沿いには日
本食レストラン、居酒屋、ラーメン店、日系スーパーマーケット、日本の書籍、
文具類が売っている本屋さん、日系美容院など軒を連ね、ランチには刺身定
食や焼き魚定食が食べられ、夜には焼き鳥をつまみながら日本酒を飲むことも
できます。

　また、数多くの日本人家族が生活の拠点として住居を構えているのが高級
住宅街のオーバーカッセル地区です。ここにも日本食スーパーマーケットはもち
ろん、日本人学校、日本人幼稚園、日系の学習塾、日本語が通じる病院など
があり、日本とほぼ変わらない生活を送ることができるのです。

　そのデュッセルドルフのオーバーカッセル地区には、住宅街の一角に地元の

人がよく犬を連れて散歩している公園があります。所々にウサギが掘った穴ぼこがあるのですが、この公園からサッカーがスタートしたということで、「犬公園サッカー部」と名づけられたサッカーチームがあります。後々、地域のサッカークラブ「SC WEST DÜSSELDORF」のグラウンドが誰でも使えることを知り、途中から打って変わって最高の人工芝グラウンドでプレーできるようになりました。ドイツでは地域のサッカークラブのグラウンドは、チームが練習、試合をしているとき以外は普通の公園と同じように誰でも自由に使えるのです。素晴らしいスポーツ環境ですね。

2021年10月、私と息子もこのチームに入部しました。

日曜日は午後3時から恒例のサッカーです。

幼稚園児、小学生、中学生、高校生、時にはドイツ人の少年そして40、50代のおっさんたちが一緒にボールを追いかけます。

幼稚園児がシュートを外したときの頭を抱えるしぐさや得点したときのガッツポーズはプロ顔負けです。

3年生の息子たちは1ヶ月前と比べるとどんどんうまくなっていきます。体も大きくなり、キック力もパワーアップしてきます。ちょっと前まで軽くキャッチしていたシュートもクリスマスを過ぎたころから少し間違えると手首を痛めてしまうぐらい強いシュートを打つようになりました。

おっさんたちも負けていません。

子供たちに負けるかとばかり、ゴール前に壁を作る子供に対して、容赦ない強烈なシュート。時間を忘れて暗くなるまでゲームは終わりません。日が短い冬場は午後5時ごろには終了。でも夏時間が始まる3月後半からはどんどん日が長くなり、気がつくと、もう6時前。

「じゃあ、ラストワンゴール」

でも、皆負けず嫌いだから、大人たちがマジになり、子供たちに対しても激しいデュフェンスで簡単にはゴールを割らせません。球際も激しくなってきます。

決着がついたのはサッカークラブの門が閉まる午後6時半に差し掛かっています。

サッカーでひと汗かいた後のビールは最高！

そこでもサッカーの話で盛り上がり、日曜日は終わっていきます。

　サッカーは人と人とを結びつける力があります。どんな国に行っても、サッカーがあればすぐに仲間ができます。それがドイツ人だろうと日本人だろうと。サッカーは特別なものではありません。日常であり、生活の一部なのです。「サッカー幸福度ランキング」があったらドイツは世界の上位に入ることは間違いないでしょう。自由に使える天然芝や人工芝のグラウンド、終わった後すぐにビールが飲めるクラブハウスや近所にあるビアホール、近所に住んでいる気の合う仲間たち。ドイツにはだれもが楽しめるサッカークラブがあり、素晴らしいサッカー環境がどこの街でも存在します。そんな最高の環境がここオーバーカッセルにもありました。

　ひとつ寂しいことがあります。私も1年間の限定滞在でした。みなさんも長くて5、6年、だいたい3年ぐらいで帰国してしまいます。仲良くなったと思うと別れが来ます。別れは辛いけど、日本でもまた一緒にボールを蹴りましょう！

　デュッセルドルフでも最高の仲間ができました。

　犬公園サッカー部の仲間たち、最高に楽しい時間を本当にありがとう！

　最後に本書の執筆にあたり東洋館出版社の錦織圭之介社長、吉村洋人さんには大変お世話になりました。この場を借りて感謝申し上げます。

須田　芳正

謝辞

執筆に協力してくださったドイツの友人たちに、この場を借りてお礼を伝えさせてください。ヤシン・ビルリ（Yasin Birli）君、ラーター・メグミさん、土井操さん、アレアンドラ・ヴィンゲンデール（Aleandra Wingender）さん、ハラルド・ブルンダマン（Harald Bründermann）さん、キム・ダムプファリング（Kim Dämpfling）さん、アンドレアス・ヴィンクラー（Andreas Winkler）さん、ウド・プラッツアー（Udo Platzer）さん、アイリン・エッサー（Eileen Esser）さん、マルコ・クノープ（Marco Knoop）さん、トビアス・リッツ（Tobias Ritz）さん、カリン・プロッツ（Karin Plötz）さん、ブシュラ・シャヒン（Büsra Sahin）さん、レヤン・セイジュウ（Rejan Seiju）君、ゲンツ・ライチ（Genc Lajqi）君、マヒア・ライチ（Mahir Lajqi）さん、ジルビオ・バウクシュ（Silvio Bauksch）さん、川上ソフィさん、マイケ・マツケー（Maike Matzker）さん。みなさんがいなければ『ドイツサッカー文化論』は完成しませんでした！　ありがとうございました。

福岡 正高

「サッカーはその国の文化と大いに関係がある」をテーマに私自身のドイツでの経験を書く機会を与えていただいた慶應義塾大学の須田芳正教授に感謝申し上げます。執筆にあたり友人であるマリア・ホシノ（Maria Hoshino）さん、ヤン・ベンナー（Jan Benner）さんにはドイツ語の文献で分からない表現などを丁寧に教えてもらい、声楽家の本間郁子さん、オーボエ奏者の野田絵美さんには、学校のシステムについて詳細に教えていただきました。またドイツの国民性に関しケルン大学のメディアネットワークセンター長を務めるウド・クリック（Dr.Udo Kllik）氏には貴重な資料を提供してもらいました。執筆中は不規則な生活にも関わらず支えてくれた妻と2人の子供たちにも本当に感謝しています。最後に執筆することを後押ししてくれた両親には感謝してもしきれません。特に誰よりも待ち望んでいてくれたにも関わらず、昨年春に急逝してしまった父には心から「ありがとう」の気持ちとともに本書の完成を伝えたいと思います。

杉崎 達哉

【著者プロフィール】

須田 芳正

慶應義塾大学体育研究所教授。1967年東京都生まれ。1986年暁星高校卒業。1990年慶應義塾大学法学部政治学科卒業。1998年順天堂大学大学院スポーツ健康科学研究科修了（体育学修士）。2012年弘前大学大学院医科学研究科修了（医学博士）。1990～1992年東京ガス、1992～1994年浦和レッドダイヤモンズ、1994～1995年甲府クラブ在籍。その後はフットサル日本代表選手、コーチとして国際試合に出場。2007～2009年オランダでヨーロッパサッカー連盟Bライセンス取得。2011～2017年慶應義塾大学体育会サッカー部監督。2021～2022年ドイツルール大学スポーツ科学部の訪問研究員としてドイツサッカーの研究を行う。

福岡 正高

ドイツサッカー連盟強化指定クラブ、ロート・ヴァイス・エッセン（Rot-Weiss Essen）指導者。1976年栃木県生まれ。鹿沼高校、同志社大学を卒業後、2002年に渡独し2004年よりケルンスポーツ大学に留学し、サッカー理論を学ぶ。2002年からアドラー・デルブリュック（Adler Dellbrück）でU-12～U-19の監督を務める。2008-09シーズンはベルギッシュ・グラートバッハ（Bergisch Gladbach）のU-19（U-19ブンデスリーガ国内最高リーグ参戦）でコーチを務め、その後同クラブトップチームでコーチ。2012年より、ロート・ヴァイス・エッセンのU-9～U-19（育成部すべてのチームがドイツ国内トップリーグに参戦）にて監督、コーチを務める。

杉崎 達哉

有限会社Full Support代表取締役。ドイツサッカー連盟公認A級ライセンス所持。1980年大阪府生まれ。厚木東高校、明治大学を卒業後、2005年に渡独し2006年よりケルンスポーツ体育大学に留学、サッカー理論を学ぶ。2005年より指導を始め育成年代のすべてのリーグで指揮する。2015年にはフォルトゥナ・ケルン（Fortuna Köln）U-15で監督を務め、U-15レギオナールリーガ国内最高リーグを戦い、2016年にはU-15フットサルドイツ全国大会優勝。2016年から2020年までサッカーパーソナルトレーニング会社「proffac」で子供からプロ選手まで約200人を指導。2020年4月より会社を設立し、サッカードイツ遠征・留学・大会の企画運営を行う。

福士 徳文

慶應義塾大学体育研究所、専任講師。1986年生まれ。岩手県盛岡市出身。盛岡商業高校、順天堂大学を卒業後、順天堂大学大学院に進学し、博士前期課程を修了。専門分野はサッカーのコーチング、トレーニング科学。盛岡商業高校3年時に、インターハイ、全国高校選手権で得点王。順天堂大学1年時に、関東大学サッカーリーグ新人賞受賞。順天堂大学大学院在学時には、JFL（ジェフユナイテッド市原・千葉リザーブズ）で1年間プレーした。その後は指導者として、順天堂大学蹴球部、慶應義塾体育会サッカー部でコーチを務め、現在は関東大学サッカー連盟技術委員として大学サッカーの発展に尽力している。

装丁	松坂 健（TwoThree）
本文デザイン・DTP	松浦 竜矢
写真	株式会社アフロ
	Getty Images
特別協力	山内 憲治
	笹原 丈
	井関 正久（中央大学法学部教授）
	川島 建太郎（慶應義塾大学文学部教授）
	粂川 麻里生（慶應義塾大学文学部教授）
	渡邊智美
	森山真衣
Special Thanks	武藤 嘉紀
	室屋 成
	渡辺 夏彦
	横澤 航平
	加藤 みづほ
校正	東京出版サービスセンター
編集協力	山本 浩之
編集	吉村 洋人

ドイツサッカー文化論

2023年（令和5）年7月4日　初版第1刷発行

著　者　　**須田 芳正**

　　　　　福岡 正高

　　　　　杉崎 達哉

　　　　　福士 徳文

発行者　　**錦織 圭之介**

発行所　　**株式会社 東洋館出版社**
　　　　　〒101-0054　東京都千代田区神田錦町2-9-1
　　　　　　　　　　　　　コンフォール安田ビル 2F
　　　　　（代　表）　TEL 03-6778-4343　FAX 03-5281-8091
　　　　　（営業部）　TEL 03-6778-7278　FAX 03-5281-8092
　　　　　URL　https://toyokanbooks.com/

印刷・製本　**岩岡印刷株式会社**

ISBN　978-4-491-05063-8 / Printed in Japan